U0642556

龙族宝典

致暴雪故事与创意总监拜伦·帕内尔，
你将永远活在我们心中。

龙族宝典

〔美〕桑德拉-罗斯纳 〔美〕道格-沃尔什◎著
李镭◎译

北京科学技术出版社

目　录

引　言

你好，亲爱的朋友。

我与艾泽拉斯巨龙共同度过了漫长岁月。在那些时光中，我渐渐意识到，要理解巨龙的永恒是多么困难，正如巨龙也同样难以理解寿命有限的生灵为何像火花一样转瞬即逝。

年轻的种族经常是冲动的，而在无尽的永劫中守护着艾泽拉斯的巨龙则是审慎的。我们和他们仿佛站在光谱的两极。但就像蓝龙卡雷苟斯所说的那样，在表面的分歧之下，我们的生命有着共同的基石，那就是爱、和平、忠诚和前进的目标。

凡世生命有许多特质，其中最受龙族钦敬的，是我们不屈不挠的精神。看到我们短暂的存在，巨龙会意识到生命的神圣与喜悦。正因如此，他们才会向我们敞开他们古老的家园。

我创作这本书的目的不仅是要写一部龙族史，还是为了探索一些复杂的时空脉络。它们流转交织，连接着我们这个世界中的许多关键时刻。我有幸能够进入达拉然、卡拉赞和现在的巨龙群岛大图书馆，搜集撰写本书所需要的海量信息。这在其他任何时代都是不可想象的。

据说，我们这个纪元始于黑暗之门的开启，以及随之产生的巨大劫难。危险的敌人到来，企图摧毁这里的一切，但艾泽拉斯也因此获得了新的盟友，这个世界因此变得更为丰富多彩。一些城市兴起，另一些城市倾覆，古老的力量意图掌控我们的命运。但在最黑暗的时刻，怀揣着希望的卫士们团结在一起，拯救这个由泰坦创造的世界，甚至不惜与泰坦为敌。在这段历史中，到处都有巨龙的影子。而这本书所记录的，就是他们的故事。

卡德加
肯瑞托大法师

无尽的时之砂

本书对许多细节性的描述都保持审慎的态度，尤其是对“时之砂”这个概念。或许应该说，我们只不过是时间长河中无数砂砾中的一粒。人类一直在尽一切努力寻找这个世界的源头，但许多重大问题，如宇宙的秩序和泰坦的动机，迄今为止依然停留在推测性的理论层面。

在生命演进的过程中，我们对这些事件的理解也在不断演变。新的视角会出现，改变我们所知道的一切。曾经受人爱戴的勇士和被万众唾骂的恶棍也有可能展现出他们不为人知的一面。作为学者，我们始终要坚持的就是寻找真相，无论我们要为此前往何方，寻觅多久。

原初造物

要讨论世界的本源，我们可以连续不停地说上许多个小时，不过，且让我们从这一时刻开始：深暗领域存在许多种类的宇宙力量，而艾泽拉斯的物理位面由五种基本元素构成：土、火、风、水和灵魂。

我们现在认为，灵魂元素的严重失衡导致其他元素失控继而发生暴走，最终导致元素领主的崛起。尽管每一位元素领主都拥有不可思议的力量，但他们的好战本性和对其他力量的排斥，导致他们很容易被入侵艾泽拉斯的古神所征服，成为虚空领主的代理人。“古神”是穿行于宇宙中的寄生生物，他们不断寻找新生的世界之魂，使其堕落扭曲，成为黑暗泰坦。

就是在这种极度严重的危机中，泰坦们发现了艾泽拉斯，并向盘踞在这个世界上的黑暗帝国发起战争，以结束那个恐怖的时代。随着元素领主被驱逐、古神被囚禁，艾泽拉斯第一次实现了平衡，新生命得以大批出现。

据说，我们这个世界丰富多彩的样貌大部分是由守护者弗蕾亚塑造的。安戈洛环形山、索拉查盆地和锦绣谷是她的领地，也是她塑造生命的地方。另外，还有许多生命形态，似乎是由逃离元素位面的狂野元素逐渐进化而来的。这些叛逆的灵魂在漫长的时间中转变成有血有肉、具备自我意识的生物，同时依然保持着原始的元素能量核心。这些拥有强壮翅膀的爬虫类生物开始在艾泽拉斯广阔的天空中翱翔。他们称自己为“龙”。

这个世界一直在改变……

如果泰坦没有胜利，我们所知的凡世生命就不会存在。

迦拉克隆的崛起

随后，就是迦拉克隆的崛起。这是一头原始巨龙，他身形庞大，拥有强大的力量。据说，他翅膀一挥，就能摧毁整片森林！

在漫长的时间中，关于这头巨龙，人们有过各种各样的猜想。现在我们认为，他的飞速生长和不受控制的进化，是因为他吸收了巨龙群岛上一口泉眼中的能量。同时，这头巨兽还是一位异常聪明的狩猎大师，他很快就占领了北卡利姆多的大片葱郁森林和辽阔草原，让那里成为他最好的狩猎场。他贪得无厌地大口吞食众多血肉生灵，直到那些曾经欣欣向荣的富饶之地再也无法满足他。没有足够的猎物，这头饥饿的怪物开始将目光投向他的同族，数不清的巨龙被他视作献给自己恐怖食欲的祭品，无论是活着的巨龙还是死去的巨龙。许多学者认为，正是他这种疯狂的行为导致其自身的恶性腐坏。

随着迦拉克隆不断吞食龙族种群，出自同一巢龙蛋的巨龙姐妹阿莱克丝塔萨和伊瑟拉，联合玛里苟斯、奈萨里奥和诺兹多姆，一同对抗这一巨大威胁。但他们发现，他们要对抗的不仅是这头巨怪，还有迦拉克隆强大的亡灵子嗣。这五头龙仅凭自己的力量几乎不可能战胜迦拉克隆和他那些无命龙后代，但他们齐心协力的意志是前所未有的，这一点很快引起了守护者提尔的注意。他是由泰坦铸造的一名强大武士。

提尔意识到迦拉克隆对艾泽拉斯自然秩序的威胁，便试图召集其他守护者采取行动。这一努力没有取得成效，但提尔并未气馁。他与龙族结成联盟，继续战斗。

据估算，迦拉克隆的体型是达拉然的三倍以上！

泰坦的赠礼

他们计划在敌人沉睡时发动袭击，但这个计划失败了，提尔还为此失去了一只手。他的五位龙族战友很快又制订了一个新的计划。他们将一同引诱迦拉克隆到北卡利姆多的皑皑雪山上，集中力量与那头怪物作战。

于是，阿莱克丝塔萨、伊瑟拉、玛里苟斯、诺兹多姆和奈萨里奥发动了那场著名的攻击。最终迦拉克隆迎来了自己的末日。

盟友的勇气感动了提尔。他再次召集其他守护者，提出了一个建议：这五头英勇的巨龙应该被升格为守护巨龙，承担起保卫艾泽拉斯的责任。尽管他们的首领奥丁强烈反对这一提议，但提尔得到了其余守护者的支持。

守护者提尔、弗蕾亚、洛肯、莱和阿扎达斯

聚集在靠近迦拉克隆殒命之地的冰雪苔原上，导引万神殿的能量，将其注入阿莱克丝塔萨、伊瑟拉、玛里苟斯、诺兹多姆和奈萨里奥体内，将他们分别转化为红色、绿色、蓝色、青铜和黑色守护巨龙。

承担起这份新的责任之后，每一头巨龙都发誓要负责守护艾泽拉斯的一种本源力量：生命、自然、魔法、时间和大地。为了进一步帮助他们完成这项没有尽头的任务，泰坦守护者们又赋予数百头原始巨龙同样的力量，由此创造了艾泽拉斯的五大守护龙族。

鳞裔战争

迦拉克隆灭亡之后，许多原始巨龙欣然接受守护者提尔的赠礼，成为更加高贵、强大的物种。但在其他龙族眼中，这些受到秩序改造的巨龙无异于背叛了他们的元素本源。据说，在这些反对者中，最激进的是阿莱克丝塔萨的近亲菲莱克，他的激烈言辞得到了伊律迪孔和许多始祖龙的支持。他们聚集在一起，开始了拜荒者行动。

这些巨龙毕竟还是亲族，守护巨龙和始祖龙双方都真诚地希望能调解彼此之间的分歧。巨龙女王阿莱克丝塔萨和拜荒者的谈判很快就破裂了。阿莱克丝塔萨允许守护者们带走一些始祖龙蛋，向其中注入秩序魔力。这样的背叛行为激怒了冰心之龙威拉诺兹，促使其加入由菲莱克、伊律迪孔和莱萨杰丝组成的阵营，和他们一样吸收元素力量，成为第四化身。

尽管四大化身巨龙掌握了强大的力量，但身为拜荒者的领袖，他们知道仅凭自己的力量不可能打败守护巨龙族群。于是，他们开始招募和训练凡世生命的边缘势力，让这些弱小的生灵掌握元素力量，供他们驱使。化身巨龙一直小心地将他们不断扩张的军队隐藏在龙族繁育之地以外，但他们的一举一动没有逃过黑色守护巨龙奈萨里奥的眼睛。

奈萨里奥认为，战争已经不可避免，便开始打造专属于自己的强大军队。他克服了当前龙族的许多弱点，打造出一群名为“龙希尔”的士兵。这些士兵能够使用五大守护龙族的天生力量，他们的强大让奈萨里奥也感到惊叹。不过，奈萨里奥也意识到，他必须控制住这些聪慧、强大的新龙族。于是，他使用了一种被称为“缚誓者”的泰坦装置，让龙希尔只能服从他的意志。

“噬雷之龙”莱萨杰丝和她的拜荒者军团被派遣去攻打这头孤独的黑色守护巨龙和他尚未经历过战火考验的龙希尔部队。一开始，化身巨龙莱萨杰丝占有明显的优势。但谁也没有想到，奈萨里奥屈服于古神的呓语，召唤了虚空力量。根据流传至今的传说，残酷的黑暗能量飓风迫使莱萨杰丝躲入深深的洞窟中。奈萨里奥要将她永远封闭于其中。

从表面上看，奈萨里奥赢得了这场战争，但他也失去了缚誓者这件神器。于是，他不得不将龙希尔部队置于持续的静止状态，打算在找到新的控制方法以后再释放他们。为了获得新的控制手段，以及永远囚禁莱萨杰丝，奈萨里奥向玛里苟斯寻求援助。蓝色守护巨龙玛里苟斯便帮奈萨里奥为那座监狱设下重重结界，还派遣忠诚的蓝龙看守龙希尔的育幼所。

不管怎样，拜荒者和巨龙军团之间再也不可能维持和平了。奈萨里奥将战争的消息告知阿莱克丝塔萨，并断言有必要彻底消灭剩余的化身巨龙和拜荒者。尽管这样的现实让阿莱克丝塔萨感到伤心不已，但她还是同意了奈萨里奥的主张，不过她坚持只能囚禁那些龙，而不是将他们处死。因此，一座符合要求的监狱在索德拉苏斯被建造出来。

这场战争持续了很多年，参战双方都蒙受了巨大损失。最终，其余三头化身巨龙分别在坠火之地、冰封之眼和破碎深谷的战斗中被擒获。鳞裔战争至此结束。

为了确保巨龙群岛的和平能够永远持续下去，奈萨里奥升起了一道高峻的山脉，让它环绕在泰坦铸造的化身巨龙监狱四周。这道屏障将永远无法被打开，至少在传说中是如此……

艾泽拉斯的许多地区都不幸地承受过战争的创伤，包括巨龙群岛。

上古战争

当泰坦任命的守护者和刚刚被这些守护者赐福的守护巨龙还在守护艾泽拉斯的时候，一个令人忧心的新威胁正在宇宙中悄然崛起。萨格拉斯没能说服自己的泰坦同伴，让他们相信虚空领主们对现实的延续性构成了威胁。他决定独自拯救这个宇宙。于是，他发起了一场席卷所有现实存在的燃烧远征。他推断，既然生命能够形成，那么彻底毁灭现有的生命之后，新的生命就能在虚空不存在的情况下再次形成。

为了实现自己破坏性的方案，萨格拉斯摧毁了马顿监牢，创造出一支恶魔军团，将无穷无尽的恶魔释放到他到过的每一个新世界中。尽管泰坦众神团结一致，对抗萨格拉斯的燃烧军团，但他们很快发现，萨格拉斯的力量已经极度膨胀，即使他们齐心协力也无法与之抗衡。在这场战争中，萨格拉斯知晓了艾泽拉斯的存在，便开始寻

找并试图摧毁这个世界之魂，以免它受到虚空的腐化。

与此同时，在艾泽拉斯，根据传说，一群黑暗巨魔在命运的驱使下，跟随一头与魔法关系密切的有翼生物——精灵龙——找到了一处蕴含浩瀚能量的源泉。他们将这处能量源泉据为己有，从此世代居住在它周围，最终他们进化成肢体纤细、姿态优雅、拥有超凡智慧的精灵。他们原本简单、粗陋的营地被建设成充满自然与奥法奇迹的神奇城市。一些精灵致力于维护原始力量和野性大自然的光辉，他们被称为“德鲁伊”。而具有魔法天赋的精灵则自称为“上层精灵”。在许多个世代中，这些精灵都生活在和谐的氛围中，直到上层精灵女王艾萨拉因其无可救药的极度傲慢而决定抛弃精灵帝国的和平与荣耀，仅仅为了换取一个关于权力的承诺。

她的子民崇拜她，毫不动摇地支持她。艾萨拉不断地扩张自己的帝国，甚至魔古皇帝雷神的功业与她相比也要相形见绌。随后，出于令人无法理解的缘由，她将注意力转向精灵帝国的核心，开始不顾一切地对永恒之井进行试验（干扰永恒之井本身就是一种极度危险的行为！）。在这一过程中，不止一股能量被释放到宇宙中，引起了黑暗泰坦萨格拉斯的注意。

萨格拉斯察觉到上层精灵女王艾萨拉的傲慢，便向她承诺，会让她拥有难以想象的力量。作为交换，艾萨拉只需要允许萨格拉斯的奴仆进入她的帝国。交易达成后，艾萨拉命令上层精灵召唤来大量燃烧军团。这些恶魔开始屠杀一切反对女王旨意的卡多雷。

随后数月里，精灵大德鲁伊玛法里奥·怒风和他的双胞胎弟弟巫师伊利丹、库塔洛斯·拉文凯斯领主以及艾露恩祭司泰兰德·语风结成联盟，暗夜精灵纷纷聚集到他们麾下，共同抵抗女王的暴政，挡住了燃烧军团的猛烈攻击。精灵们尸横遍野，恶魔大军却似乎无穷无尽，暗夜精灵需要新的盟友。德鲁伊的保护者塞纳留斯承诺将援助自己的子民。为此，他派遣荒野诸神加入这场战争。他们是追随塞纳留斯的伟大英灵，但这依然不够。于是，玛法里奥开始寻求守护巨龙的援助。

泰兰德被任命为高阶祭司，因为她的前任德雅娜殒命于战场。

五大守护龙族开始集结。奈萨里奥提出一个方案：将五位守护巨龙的一部分力量注入他制造的一件神器中，然后用这件神器来消灭燃烧军团。守护巨龙们想不出还有什么办法能够阻止萨格拉斯，便接受了这个方案，将泰坦赠予他们的一部分力量交予奈萨里奥。他们不知道的是，这位大地守护者因为与艾泽拉斯一些隐秘深渊的联系，早已被古神腐化，陷入疯狂。（请注意，随后的传说讲述的是一场巨大的灾难，以及无尽的哀伤。）

奈萨里奥创造了一件极尽邪恶的神器，这将成为导致日后巨大灾难和损失的关键。

龙族展开了最后的突袭。奈萨里奥向燃烧军团释放出神器的能量。艾泽拉斯的卫士们仿佛看到了希望——成百上千的恶魔倒在他们面前。就在这时，不可思议的事情发生了。奈萨里奥将神器对准了他的盟友！眨眼间，整个蓝龙军团几乎全军覆没。蓝色守护巨龙玛里苟斯再也没能从这巨大的伤痛中恢复过来。毕竟，面对这种骨肉灭绝的灾难，谁还能够保持理智？

如果不是因为神器对奈萨里奥本体造成了巨大消耗，守护龙族、精灵抵抗军和整个艾泽拉斯很有可能会遭受更加恐怖的劫难。因为这次背叛，奈萨里奥被永远地扣上了“死亡之翼”之名。

黑龙军团失去了自己的守护巨龙，同时还必须为他的罪行担责。他们遭到了无情的猎杀，同样濒临灭绝。

从永恒之井被发现到尼奥罗萨的崛起，几乎没有谁能够像艾萨拉女王那样改变艾泽拉斯的命运。

流沙之战

据传说，早在兽人与人类第一次大战之前的上千年中，一种古老的邪恶力量就开始在焦热的希利苏斯沙漠蠢蠢欲动。

地下王国安其拉是黑暗亚基帝国的一个纯昆虫形态分支。千年以来，这个王国一直处于与世隔绝的状态，其子民数量也一直在稳定增长。这些巨型昆虫就是其拉，在远古时代，他们曾经侍奉强大的邪异生物，帮助这些生物统治艾泽拉斯。这些邪异生物最终被泰坦囚禁，他们的虫人奴仆其拉逃入地下，因此没有遭受和主人同样的命运。后来，其拉在奥丹姆附近找到了一座泰坦研究站，并在那里发现了一个古老且邪恶的秘密：被称为“古神克苏恩”的触手化身正蠢蠢欲动，而囚禁它的牢狱的力量正在被削弱。

克苏恩命令自己忠诚的其拉仆从离开他们藏身的沙漠王国，去吞没邻近的暗夜精灵土地。连续数月，大德鲁伊范达尔·鹿盔和卡多雷祭司希洛玛率领暗夜精灵战士，英勇地抵抗这些嗜血虫群。但这些甲虫的数量始终不见减少。面对无法逆转的败局，德鲁伊们开始向形迹隐秘的青铜龙军团寻求援助。青铜守护巨龙诺兹多姆最初拒绝干预这场战事，但亚基虫群很快侵入了塔纳利斯沙漠，威胁到青铜龙的巢穴——时光之穴的安全，这使得时光之王诺兹多姆的族群被迫卷入战争。

令人难以置信的是，青铜龙军团发现强大如他们也不足以扭转战局。诺兹多姆的继承人阿纳克洛斯被迫向其他龙族盟友寻求支援。各色龙族援军齐心协力，终于在安其拉王国的大门口击退了虫群大军。精灵德鲁伊和阿纳克洛斯在那里制造出一道魔法屏障，封印了虫族的地下都市。绿龙麦琳瑟拉、红龙凯雷斯特拉兹和蓝龙阿瑞苟斯意识到，只要他们的攻势稍有减缓，就会有虫人从封印中逃逸，于是他们英勇地将自己置身于魔法屏障之中，并命令战友们升起屏障。

将近千年的时间逝去，大多数人相信，这三头巨龙已经死亡。但他们存活了下来，直到暮光之锤氏族的食人魔法师古加尔打碎囚禁古神克苏恩的囚笼，安其拉的圣甲虫之门不得不再次被打开。

如果你对魔法屏障的研究有着浓厚的兴趣（怎么可能没有呢？），你会发现类似的法术也被应用在达拉然、苏拉玛和银月城。当永恒之井被毁灭时，艾萨拉女王在辛艾萨莉也使用过同样的法术。

第二次大战

永恒之井的毁灭对于萨格拉斯的征服计划是一次挫折，但这并没有阻止黑暗泰坦寻找其他方法毁灭艾泽拉斯。萨格拉斯要做的是保护现实存在本身的安全，为此，他将不惜一切代价！现在，他需要一个新的力量源泉，这股力量必须强大到足以打开一扇大门，让他的燃烧军团能够从宇宙中进入艾泽拉斯，彻底终结虚空领主腐化这个世界的可能性。于是，他找到了一位法力高强的人类法师——麦迪文，以及一个心中充满怨毒的兽人放逐者——古尔丹。

经过多年的精心策划，黑暗之门终于被创造出来，艾泽拉斯和德拉诺之间的孔道由此被打通。兽人部落大举来袭，扑向人类王国暴风城。在那场大屠杀里，许多人都丧生了。一些和我一样的幸存者乘船出海，向北航行去寻找避难所和盟友。这场大规模逃亡最终促使洛丹伦联盟形成。七个人类王国团结为一体。卡兹莫丹和辛特兰的矮人、诺莫瑞根的侏儒和奎尔萨拉斯的高等精灵也加入了我们。就在联盟制订战争计划，准备打退侵略者的时候，一个名叫碎颅者耐克鲁斯的兽人术士走进赤脊山，找到了一件毁灭性的武器——巨龙之魂。

洗劫暴风城之后，入侵的兽人继续向北进军。侦察兵发现阿拉希高地和湿地之间存在一个危险的咽喉要道——萨多尔大桥。兽人酋长奥格瑞姆·毁灭之锤意识到，他的部队可能会在这里遭受严重的伤亡，便与热砂港联合企业的地精结盟。地精们开始为他建造船只，好让毁灭之锤的部队乘船渡过无尽之海，进入希尔斯布莱德南部的翠绿原野。

据说，在部落舰队的建造接近完成之际，耐克鲁斯成功破解了巨龙之魂的秘密，利用它俘获了红龙女王阿莱克丝塔萨。兽人威胁红龙族群，他们的女王将遭受残忍的折磨至死，红龙军团别无选择，只能成为部落舰队的坐骑。

尽管有地精的帮助，草草建成的部落舰队依然无法和由人类海军上将戴林·普罗德摩尔指挥的舰队相抗衡。然而，库尔提拉斯人没能迎来属于自己的胜利，他们的舰队反而陷入一片火海。兽人部落中的龙喉氏族驾驭数头红龙，向人类舰船的甲板喷出炽焰，让熊熊烈火吞没了他们的海上舰队。海军上将戴林不得不命令舰队分散逃生。于是，奥格瑞姆命令其麾下剩余的船只在南海镇登陆。

部落大军的行动已经不再是秘密。奥格瑞姆决定循最短路线进攻联盟的首都。他回想起自己曾经向当地一个名为“阿曼尼”的巨魔部族许下誓言，于是率领一小队武士解救了被囚禁的巨魔部族酋长祖尔金。仿佛是命运使然，当奥格瑞姆向祖尔金提出结盟的请求时，祖尔金的条件之一就是部落大军要去进攻巨魔部族的宿敌——奎尔萨拉斯的精灵。这个决定最终改变了一切。

高等精灵游侠与兽人和巨魔入侵者进行着英勇的战斗，但数十头红龙遮蔽了他们家乡的天空。这些被俘的红龙心中充满了深沉的痛苦，因为他们正在杀害无辜的生命，但无论如何，他们还是服从了兽人的命令，让许多村庄和大片茂盛的原始森林化为灰烬。奥格瑞姆的前进速度很快，但银月城的魔法屏障显示出了强大的韧性和复原力量，这让奥格瑞姆很快就失去了耐心。他留下古尔丹去破坏精灵都城的神秘防御，自己则率领军队主力继续向洛丹伦进攻。在暴风城难民看来，他们最恐怖的噩梦将再次降临。

就在胜利近在眼前之时，奥格瑞姆却从龙喉

氏族那里得知，古尔丹与暮光之锤和暴掠氏族勾结，偷走了停泊在南海镇的船只，抛弃了攻击精灵都城的部落大军。现在，重新集结的洛丹伦联盟军队马上就要将他们包围。于是，奥格瑞姆命令他的龙骑士掩护兽人向南方撤退。

兽人部落最终在黑石山被洛丹伦联盟击败，这标志着第二次兽人战争的终结。但兽人的故事还在继续。随着黑暗之门的关闭，兽人大军星落云散，许多兽人成为俘虏，被关押在洛丹伦各处。还有一些兽人避开联盟的搜捕，逃进偏僻之地，或者孤身求活，或者聚族而居。就在人们因为战争的结束而感到欣喜的时候，碎颅者耐克鲁斯和龙喉氏族依然控制着格瑞姆巴托，将巨龙女王阿莱克丝塔萨牢牢攥在手心里。

我在战斗中骑乘过巨龙，也亲眼见到过红龙烈焰吐息的毁灭力量。因此，我完全相信，只要龙喉氏族愿意，他们控制的龙群能够彻底毁灭库尔提拉斯人的全部舰队。

格瑞姆巴托之战

在梳理诸多传说的时候，我都会先带读者回到更古老的时代，然后再向后叙述。诚然，我们刚刚似乎略过了黑暗之门开启之前的两个世纪，但请相信我，现在你就会明白我的用意。格瑞姆巴托的命运开始于发生在铁炉堡殿堂的一场巨大分裂。那还要从高山之王莫迪姆斯·安威玛尔去世时说起。尽管继承人顺位早已确定无疑，但三个最强大的矮人氏族还是各自宣称拥有高山王国的王位，因此而爆发的冲突在后世被称为三锤战争。每一个参战的矮人氏族都掌握着一种独特的力量。最终，铜须氏族赢得胜利，将蛮锤氏族和黑铁氏族赶出他们世代居住的家园。

作为蛮锤矮人的领袖，卡德罗斯接受了自己的失败，率领族人迁徙到北方，定居在湿地边境的群山中。他们在那里修筑了巨型城市——格瑞姆巴托。当蛮锤矮人期待着创造繁荣的未来时，黑铁矮人在领主索瑞森和他的妻子莫德古德的率领下，却一心只想报仇雪恨。

于是，索瑞森夫妇使用他们的黑暗魔法分别攻击了另外两个与之敌对的氏族。莫德古德扭曲了格瑞姆巴托的阴影，将蛮锤矮人的首都变成恐怖横行之地。这次进攻促使铜须氏族和蛮锤氏族重新联合，共同粉碎了黑铁氏族的阴谋。但曾经辉煌荣耀的格瑞姆巴托殿堂受到了永恒的诅咒，导致矮人们不得不放弃那座伟大的都市。

随后的许多年中，这座堡垒就像一名孤独的哨兵，矗立在鱼人泛滥的沼地上。这种情况一直延续到兽人酋长奥格瑞姆·毁灭之锤向北方进军的时候。龙喉氏族需要一个空间巨大且易于防守的地方囚禁红龙女王阿莱克丝塔萨，并将她的孩子们扭曲成战争坐骑——这些兽人将他们骑乘的红龙称为“忠诚的野兽”（Nelghor）。最终，龙喉氏族占据了这座矮人都市，却对此地隐藏的黑暗幽影浑然不觉。

碎颅者耐克鲁斯不断训练红龙，将其作为兽人部落关键性的制胜武器。如果不是兽人术士古尔丹的背叛，部落很有可能就此一举摧毁各个人类王国。不过，在部落于黑石之战中败北之后，龙喉氏族躲藏进他们的深山要塞格瑞姆巴托，继续肆无忌惮地奴役龙群。在漫长的五年时间里，红色守护巨龙阿莱克丝塔萨和她的伴侣塔兰尼斯塔兹在碎颅者耐克鲁斯的残忍囚禁中备受煎熬。这名兽人利用巨龙之魂控制阿莱克丝塔萨，做出种种令人发指的恶行。

无论如何，命运没有走向绝望。拯救女王的机缘来自一个最不可能的方向：龙族最可怕的敌人——死亡之翼奈萨里奥。被腐化的黑色巨龙原本计划在行星德拉诺繁育他的后代，却因为那颗行星的毁灭而功败垂成。于是，他转而图谋夺取阿莱克丝塔萨的龙蛋。要实现这个目的，他必须将囚禁红龙女王的龙喉氏族从他们巨大的基地中引开。他要怎么做？死亡之翼给耐克鲁斯制造了一连串恐怖的噩梦，让他预见洛丹伦联盟会袭击他的堡垒，而兽人如果想保全红龙族群，就必须将阿莱克丝塔萨和她的龙蛋转移到黑石山。为了让自己的计策滴水不漏，死亡之翼又安排肯瑞托法师罗宁和红龙考雷斯特拉兹率领一支联盟小队前往格瑞姆巴托进行调查。

已故的大法师罗宁在矮人中被称为“Draig'cyfaill”，意为“龙心”。矮人们经常怀疑他其实就是一头龙。

就在龙喉氏族带着他们珍贵的俘虏走出堡垒之时，死亡之翼发起了攻击。他打算把龙喉氏族和红龙尽数杀死，然后偷走龙蛋。塔兰尼斯塔兹经过长时间的囚禁，已经虚弱不堪，但他还是聚集起自己最后的力量，奋勇作战，保卫自己的爱人。伴侣塔兰尼斯塔兹的牺牲让阿莱克丝塔萨挣脱了束缚，吞下了碎颅者耐克鲁斯。这个兽人再也没有机会使用巨龙之魂（现在这件神器被称为“恶魔之魂”）了。其他守护巨龙看到解救阿莱克丝塔萨的时机出现，便立刻加入了对抗死亡之翼和龙喉氏族的战斗。

尽管有其他守护巨龙的阻挠，死亡之翼依旧相信自己能够赢得胜利，直到罗宁摧毁了恶魔之魂，释放出被封锢于其中的能量。四位守护巨龙再次拥有了完整的力量。面对他们的合力攻击，死亡之翼只能仓皇逃走，潜入其他巨龙无法触及的元素位面——深岩之洲，秘密策划他的下一次进攻。

魔枢战争

当死亡之翼奈萨里奥用注入了守护巨龙力量的巨龙之魂攻向自己的盟军时，蓝龙军团遭到了毁灭性打击。随着强大的神器放射出令人目眩的强光，蓝色守护巨龙玛里苟斯的整个军团几乎灰飞烟灭。这次打击在玛里苟斯的内心深处留下了沉重的创伤，导致他始终不曾从疯狂和绝望的深渊中恢复过来。玛里苟斯知道，自己子孙的死亡应该由奈萨里奥负责，但他以为奈萨里奥死了，于是他将恨意转向自己。因为是他说服其他守护巨龙将自身的力量注入巨龙之魂，即如今的恶魔之魂，他始终都为此感到愧疚难安。

据传说，玛里苟斯在很长一段时间里都离群索居，陷入长眠。不过，他还是会在自己短暂的清醒时期安排幸存的蓝龙军团去守卫艾泽拉斯各处的奥术奇迹。其中一头名为塔里苟萨的蓝龙被派往洛丹伦。后来，她又前往外域去调查一起怪异的奥术紊乱事件。在那里，她发现了一群不具备实体的灵翼龙。他们本来是死亡之翼孵化的最后一批黑龙蛋，却因为德拉诺的毁灭被不受控制的奥术能量扭曲成现在这种样子。

塔里苟萨对这些灵翼龙充满怜悯。他们虽然拥有强横的力量，智商却只相当于幼龙。叛变的死亡骑士拉格诺克·舐血者控制着这些灵翼龙，妄图利用他们征服外域。塔里苟萨将他们从死亡骑士的残暴奴役中解救出来。为了赢得灵翼龙的信任，塔里苟萨邀请泽拉库和他的同族前往魔枢，以恢复他们消失的力量。

在力量得到恢复之后，灵翼龙做出了一个鲁莽的决定。他们要占领蓝龙巢穴，将其作为自己的家园。他们向魔枢发动攻击，这惊醒了玛里苟斯。如此无耻的偷袭行径激怒了玛里苟斯。他向这些入侵者发动反击，吞食了几乎所有灵翼龙的精华。虚空能量骤然涌入玛里苟斯的身体，意外地扫清了长期笼罩着玛里苟斯意识的迷雾。伴随着这种清醒，玛里苟斯深刻意识到自己的缺席导致全世界产生了种种乱象。为了防止更多的伤害发生，更是为了消除燃烧军团再临的风险，玛里苟斯采取了异常激进的手段——将所有凡世生命与艾泽拉斯奥能源头的联系割断。

为了实现这一目的，玛里苟斯命令他的军团寻找艾泽拉斯的许多魔法管道，也就是我们所知的“魔网”。这些蓝龙要将魔网中的能量转移到魔枢，这样玛里苟斯就能将这些奥法能量引入扭曲虚空，确保它们不会再造成任何祸患。大量奥能径流的消失很快就干扰了肯瑞托的法术运作，达拉然议会随后派遣代表团前往魔枢。法师们来到玛里苟斯面前时，却被要求必须做出可怕的选择：或者从属于玛里苟斯，成为法师猎手；或者被消灭。

外交使者莫名消失，这让肯瑞托的法师们深感震惊。为了寻找盟友对抗发疯的玛里苟斯，他们集中力量，将达拉然传送到诺森德（请注意，这绝对是一次惊世骇俗的壮举！）。在其他守护巨龙的使团在玛里苟斯面前也遭遇了类似的处境之后，阿莱克丝塔萨召集其他守护巨龙召开了一次会议，龙眠联军就此组建，与部落和联盟的凡世各种族团结一致，对抗蓝龙军团。因为无法帮助玛里苟斯看清现实、回心转意，阿莱克丝塔萨伤心欲绝。但她也认为，如果不能阻止玛里苟斯，会有无数生灵惨遭涂炭。于是，她下达了进攻魔枢的命令。

艾泽拉斯的卫士们形成一支统一的力量，冲进魔枢，打倒魔法守护巨龙玛里苟斯，结束了他的危险计划。蓝龙一族因众多成员的陨落而进一步遭到削弱，而且许多幸存的蓝龙依旧认同他们逝去领袖的观念，沉陷于仇恨与敌意之中无法自拔。于是，修复被损坏的魔网，让这颗星球的奥术能量恢复如初的任务就落在了肯瑞托法师们的肩上。

只有玛里苟斯知道永恒之眼是如何创造的，不过大多数人推测它是一个口袋空间。关于这一主题的更多信息，请参阅《空间收敛研究笔记》（Essays on Dimensional Convergence）。

死亡之翼的陨落

艾泽拉斯的卫士们都在担心燃烧军团的再临，与此同时，另一个更加黑暗和险恶的威胁正在悄然壮大。一个预言昭示了一切存在的终结，它就是“暮光审判”。竟然有人会寻求自己的毁灭，这实在是件令人难以想象的事情，但这正是食人魔法师古加尔的目标——他竭尽全力要将古神从泰坦创造的监狱中释放出来。

与此同时，在深岩之洲的最深处，死亡之翼奈萨里奥正努力治疗自己在格瑞姆巴托之战中遭受的创伤。他虽然成功地操纵了一些凡人，却严重低估了这些凡人的顽强和韧性；而其他守护巨龙与他作战的坚定意志更是他始料未及的。正是这些失误差一点让他在那场战争中丢掉性命。

随着死亡之翼不断吸收大地元素位面的能量，古神恩佐斯的腐蚀也在大肆侵蚀这位守护巨龙的内心，直到他完全拥抱虚空，让虚空能量的洪流在转瞬间涌向他的全身。岩浆在他体内奔涌，他破碎的躯体却稳定下来。为了进一步增强黑色巨龙奈萨里奥的力量，恩佐斯派遣暮光之锤用全新的源质甲片覆盖黑色巨龙溃烂的伤口。这些甲片被牢牢钉在黑色巨龙的肉身上，在暮光审判到来之前都不会脱落。然而，任何虚空的赠礼都不是没有代价的……

死亡之翼奈萨里奥从元素位面重新崛起，炽火在他的血管中激荡。恩佐斯让死亡之翼飞过整个艾泽拉斯。凡其所到之处，山脉塌陷，大地崩裂，城墙般的巨浪席卷海岸，直达内陆。在摧毁了大片土地之后，这位堕落的大地守护者又将他的怒火转向阿莱克丝塔萨和与她结盟的其他守护巨龙。

各龙族与他们的凡人盟友纷纷响应阿莱克丝塔萨的号召，聚集在龙眠神殿，组成联军。暮光龙从天而降，向联军发动猛攻。神殿的守卫者们奋勇反击，却没有意识到，这其实只是暮光之锤的佯攻。敌人真正的企图是潜入神殿深处，用虚空能量腐化各龙族珍藏在那里的龙蛋。阿莱克丝塔萨的另一位伴侣考雷斯特拉兹发现这一邪恶伎俩的时候，已经来不及拯救这些龙蛋了。于是，考雷斯特拉兹用自己的能量彻底摧毁了全部龙蛋和孵化场。

神殿中发生的灾难导致联军几乎四分五裂。此时，蓝龙卡雷苟斯提出了一个大胆的方案，以战胜死亡之翼。这需要回溯时间，到达巨龙之魂被毁灭之前的时刻，取得这件神器。那样的话，各守护巨龙可以将他们最后的力量注入这件神器，让强大的兽人萨满萨尔使用这件武器对抗死亡之翼。可以想见，青铜守护巨龙诺兹多姆非常不愿意改变时间的流动，但他最终还是同意从上古战

争中取得巨龙之魂。获取巨龙之魂的一行人胜利回归的时候，却发现恩佐斯和暮光龙族的势力又一次对龙眠神殿发动了猛攻。

在激烈的战斗中，敌我双方的伤亡都在迅速增加。萨尔向死亡之翼奈萨里奥释放出巨龙之魂的能量，对其造成了毁灭性打击。这次强猛攻击带来的震撼和痛苦迫使死亡之翼慌不择路地逃向大旋涡，好从那里回归安全的深岩之洲。古神感知到自己的计划即将破产，便向死亡之翼注入了一股巨大的虚空能量，导致他的躯体生出许多熔融触手。为了消灭这个怪物，守护巨龙们将自己的全部力量都注入巨龙之魂。萨尔终于凭借这件神器彻底湮灭了死亡之翼的扭曲形态，阻止了暮光审判的到来。

在大旋涡的战斗中，守护巨龙们得自泰坦的力量彻底耗尽。守护艾泽拉斯的神圣任务将由我们这些凡人继续承担。

和大多数深陷于虚空的生物一样，死亡之翼的身躯开始呈现出他所侍奉的古神的样貌。

红龙一族

只要走进艾泽拉斯的随便哪家酒馆，你都会看见有人挎着一把生锈的剑，吹嘘自己遇到过一头龙。这些故事中的龙自然少不了利刃般的牙齿和无坚不摧的龙爪，而且这位讲故事的人遇到的肯定是死亡之翼奈萨里奥的后代。如果你不去理会那个口沫横飞的家伙，而是给紧靠火炉的人买上一杯麦酒，也许你就能听到一则关于红龙一族的真实故事。

被守护者弗蕾亚选中，红龙成为艾泽拉斯所有生命的保护者。在与那些年轻种族相处时，他们通常会化为凡人形态。只有愚人才会将他们的仁慈和体贴误认为是软弱。红龙同样是可怕的战士。他们的吐息能够烧毁整片森林！作为阿莱克丝塔萨的族裔，红龙具有的毁灭能力不容置疑，但被他们的火焰净化过的地方又会萌发出多姿多彩的生命。在五大龙族中，红龙被认为是最高尚、最值得信任的一族。不过，正是因为拥有这样的品质，这些巨龙承受了最深重的哀痛。

在抵抗燃烧军团对艾泽拉斯的第一次入侵时，红龙女王阿莱克丝塔萨与其他守护巨龙一同将自

身力量的一部分注入巨龙之魂。这件由奈萨里奥创造的神器随后却成为毁灭这些世界卫士的凶器。击退燃烧军团之后，阿莱克丝塔萨虽然身体依然虚弱，但还是将自身力量注入世界树诺达希尔之中，以此来保护新的永恒之井，并将许多祝福赐予立誓要保护世界树的暗夜精灵。

又过了许多个世纪，奈萨里奥才敢再次为害世间。他的第一个阴谋就指向了红龙一族的核心——他让龙喉氏族得到了巨龙之魂。兽人利用这件神器俘获了阿莱克丝塔萨，强迫她不断产下新的红龙，作为他们的战争坐骑。直到多年以后，阿莱克丝塔萨才被自己的伴侣考雷斯特拉兹和他的凡人盟友们解救出来。

尽管遭受了长久的折磨，失去了众多子嗣，但阿莱克丝塔萨守护凡世种族的决心从不曾动摇过。

在天谴之门安加萨的战斗中，当被遗忘者的凋零药剂被释放之时，阿莱克丝塔萨和她的族群用他们的净化烈火阻止了这场烈性瘟疫的传播。并非所有红龙都能够理解他们的女王如此不顾危险地为凡世生灵战斗奔波，不过大多数红龙还是很愿意接受来自部落、联盟和肯瑞托的帮助，以战胜玛里苟斯，结束魔枢战争。

经过这么多试炼，也许红龙一族最大的牺牲就是阿莱克丝塔萨的伴侣考雷斯特拉兹的自我牺牲以及龙族繁育场被摧毁——那时他发现暮光之锤已经污染了他们的龙蛋。阿莱克丝塔萨很清楚，只有彻底消灭死亡之翼奈萨里奥，才能最终结束他的疯狂幻念。于是，她与其他守护巨龙一同将自己的全部力量注入回溯时间长河取得的巨龙之

魂中。随后，萨尔和艾泽拉斯的凡人勇士们与这些巨龙齐心协力，让死亡之翼走向自己的末日。这场胜利也让巨龙们付出了沉重的代价，他们失去的不仅是来自泰坦的赠礼，还有他们繁育后代的能力。

尽管遭受了无数损失，但红龙一族依旧守护着艾泽拉斯的全部生命。他们的牺牲精神和对新生永恒不变的希望，让他们成为最具生命力量的代表。

龙能够变化出各种身形体态，不过他们的凡人形象几乎总会带有一些他们鳞片颜色的特征。

阿莱克丝塔萨

生命缚誓者＊红色守护巨龙＊巨龙女王

巨龙女王阿莱克丝塔萨被守护者弗蕾亚所指定，拥有泰坦艾欧娜尔的力量，在迦拉克隆死亡之后，成为生命守护巨龙。她有勇猛强悍的精神，又有悲悯慈爱的心灵。看到年轻种族在艾泽拉斯茁壮成长，她心中便会充满纯粹的喜悦与爱意。当这些种族有紧迫需要时，她便会为他们提供帮助。她更喜欢变化成高等精灵的样子，不过对所有凡世种族，她都会一视同仁地给予关照，就算是兽人也不例外。哪怕在第二次兽人战争中，她和她的族群曾经受到过那么残忍的折磨。

作为生命守护者和五大龙族的领袖，阿莱克丝塔萨不止一次集合全部守护巨龙的力量来对抗艾泽拉斯的敌人，治愈历次恐怖战争对这个世界造成的深重创伤。阿莱克丝塔萨自己也曾多次承受惨痛的损失，但她一直坚守自己的崇高使命，从不放弃，哪怕是要对抗曾经的盟友——因为这些昔日的挚友已深陷堕落的深渊，无法拯救，只会给艾泽拉斯带来伤害。

在大旋涡战胜黑色守护巨龙奈萨里奥之后，阿莱克丝塔萨失去了泰坦的赠礼，只能为自己和她的族群在不确定的未来中寻觅一条出路。同时，她也失去了生育后代的能力。巨龙时代可能终于到了尽头。面对这样严酷的现实，阿莱克丝塔萨再一次向世人证明，她本身的力量依然能够让她坚守自己守卫艾泽拉斯的誓言。在心之密室，她用自己的力量治愈了世界之魂。接连失去伴侣考雷斯特拉兹和同巢姐妹伊瑟拉之后，阿莱克丝塔萨遁入遥远高峻的朱红庇护所去寻求慰藉与平静。不过，据说，巨龙群岛的重新发现让阿莱克丝塔萨再次看到了龙族延续的希望。

阿莱克丝塔萨对于生命周期的掌控来自她毁灭性的净化火焰，那真是最富戏剧性的景象。

考雷斯特拉兹

阿莱克丝塔萨女王最重要的伴侣＊克拉苏斯＊达拉然六人议会成员

阿莱克丝塔萨是所有生命的守护者，她对艾泽拉斯所有年轻种族都充满了爱意，而这份广博的爱在很大程度上，正是通过她的爱侣考雷斯特拉兹才传递到我们这些年轻生命身上的。考雷斯特拉兹最为世人所熟知的是他的高等精灵形象——克拉苏斯。红龙一族虽然喜好与凡人为伍，但其他红龙很少会像考雷斯特拉兹那样在凡人群体中生活那么长时间，也很少那样深入地参与到凡人的事务中。

长期作为达拉然六人议会的成员之一，考雷斯特拉兹受到人们的广泛尊敬，也获得了许多肯瑞托的资源和便利，让他能够以肯瑞托之名做出许多卓越贡献。不过，最让我钦敬的还是他非凡的智慧，正是他帮助人类发现了守护者麦迪文的腐化和麦迪文打开黑暗之门的可怕行动。当龙喉氏族在死亡之翼奈萨里奥的诱使下俘获了阿莱克丝塔萨时，也是考雷斯特拉兹站了出来，制止了要向凡人复仇的一众红龙。后来，又是他在人类法师罗宁以及其他朋友的帮助下救出了阿莱克丝塔萨。在洛丹伦王子阿尔萨斯·米奈希尔摧毁奎尔萨拉斯之后，考雷斯特拉兹和蓝龙卡雷苟斯阻止了燃烧军团的阴谋，设法守住了魔法能量之源——太阳之井，并最终将它归还给辛多雷。

除了守护巨龙，其他龙族都不像考雷斯特拉兹这样在艾泽拉斯的整个历史中发挥如此巨大的作用，因此他的逝去才会如此令人扼腕叹息。为了阻止暮光之锤用斑斓的虚空能量腐化龙蛋，考雷斯特拉兹用自己的全部能量摧毁了龙蛋。如果没有他的牺牲，阿莱克丝塔萨势必要担负起摧毁龙族最后一批龙蛋的责任，这只会让阿莱克丝塔萨更加为此感到心碎。

老友，你不在的时候，达拉然和龙眠神殿的高塔只会更加暗淡无光。

塔兰尼斯塔兹

阿莱克丝塔萨女王的第一位伴侣和管家

我从未有幸与巨龙女王阿莱克丝塔萨的这位重要伴侣见面，只能从他人的讲述中得知，塔兰尼斯塔兹的体型在红龙中格外地大。他是阿莱克丝塔萨最早的伴侣之一，曾追随她参加上古战争以来的每一场大战。他最著名的事迹就是为了让阿莱克丝塔萨摆脱龙喉氏族的奴役而拼死战斗，最终英勇牺牲。

在漫长的五年时间里，他和阿莱克丝塔萨被铁链牢牢锁在格瑞姆巴托深处，受到碎颅者耐克鲁斯的囚禁和折磨。在极度困苦的环境中，曾经强大的塔兰尼斯塔兹因为消耗性疾病而渐渐衰弱，但为了保护阿莱克丝塔萨，他不惜用尽自己最后的力量，奋不顾身地挡住死亡之翼奈萨里奥的攻击，为考雷斯特拉兹和他的凡人盟友争取到了宝贵的时间。最终，这位古老的红色巨龙用生命确保了他的族群和他深爱的女王依然拥有充满希望的未来。

红龙们因塔兰尼斯塔兹的自我牺牲对他报以永远的尊敬，而他英勇战斗的事迹则被凡世种族广为传颂。在生命结束的时刻，他无法返回所有巨龙最后的安息之地——龙骨荒野，只能在洛克莫丹北部的湿地呼出自己的最后一口气。后来，矮人探险者协会在那里发现了他的遗骸。尽管我多次要求将他的颅骨转移到诺森德，让他最终得以安息，但迄今为止，他的颅骨依旧被陈列在铁炉堡的探险者大厅里，上面还有一块标识牌，写着：

“巨型红龙遗骸，在格瑞姆巴托之战后不久于湿地发现。根据传闻，塔兰尼斯塔兹为巨龙女王阿莱克丝塔萨最年长之配偶。”

龙很少会使用他们的魔法来改变其凡人盟友，不过在必要的情况下，他们能够这样做。

凯雷斯特拉兹

凯伦＊流沙之战勇士＊红龙一族继承人

传说中，当浩瀚无际的亚基虫群从希利苏斯的边境涌出，即将淹没时光之穴的时候，是阿莱克丝塔萨的儿子凯雷斯特拉兹说服红龙军团响应青铜龙的求援号召，加入战争。他与绿龙和蓝龙族群的继承人一起，做出了巨大的牺牲，挡住了无穷无尽的亚基虫潮，让魔法屏障能够升起，包围整座安其拉都市。

人们本以为凯雷斯特拉兹和他的两位战友已经牺牲在那座被诅咒的巨虫王国中了，直到一千年以后强大的流沙节杖被重铸，圣甲虫大锣被敲响，安其拉的大门被重新打开。艾泽拉斯的英雄们齐心协力，攻破这座城市的防御，击败了古神克苏恩，同时发现了一直被埋没的真相——凯雷斯特拉兹和他的战友们还活着，他们只是在那场遥远的战争之后一直被囚禁在这里。

千年之中，这头红龙经历过许多恐怖的事情，但他的勇气从未有半分减损。当大地裂变到来时，他勇猛地挡住了死亡之翼奈萨里奥，让他的母亲能够逃入格瑞姆巴托周围的群山中。后来，他又潜入附近的暮光堡垒，发现死亡之翼的伴侣希奈丝特拉正在企图孵化一批暮光龙。凯雷斯特拉兹将自己最后的力量交给他的凡人盟友，让他们能够战胜希奈丝特拉，摧毁她腐化的繁育场，而这也是他最后的英雄事迹。

瓦拉斯塔兹

堕落的瓦拉斯塔兹＊维埃兰＊红龙军团监守者

大德鲁伊范达尔·鹿盔因痛失爱子而悲痛欲绝，打碎了流沙节杖。这件圣物的碎片被交由不同龙族盟友保管，以备将来有可能需要重铸。作为红龙军团的监守者，瓦拉斯塔兹一直看管着其中一块碎片，直到将近一千年后，他对抗黑龙奈法利安的最终一战。

据史料记载，瓦拉斯塔兹立誓要终结黑龙军团的邪恶阴谋，他帮助强大的凡人铸造了晋升印章。这件宝物在击败黑暗部落兽人酋长雷德·黑手的战斗中发挥了关键作用。然而，在找到自己真正的敌人之后，瓦拉斯塔兹却不幸地倒下了，甚至还被奈法利安驱使，不得不与自己的凡人盟友为敌。在被腐蚀力量彻底吞噬之前，瓦拉斯塔兹将自己的一部分力量赋予了他的战友们。正因为他的牺牲，勇士们才能够在黑翼之巢中继续追杀奈法利安，最终结束了瓦拉斯塔兹的痛苦。

如果某件宝物值得被偷窃，那么学习法术的运作以确保这件宝物的安全就是值得的。要了解更多关于晋升印章这样的宝物，请查阅永恒的巨著——《陷阱和锁》(Of Trapes and Lockes)。

龙骨荒野

凛冽的寒风从遥远的风暴峭壁呼啸而下，反复涤荡着这片贫瘠的土地，阵阵长啸仿佛是在召唤巨龙回归他们最终的安息之地。龙族伟大英雄的骨殖就散落在这里，如同遍布天穹的点点星辰，其中一些遗骸甚至同这片大地一样古老。暮光之战给这片荒野带来的许多伤痕依旧清晰可见，那是炽烈的龙焰轰击古神恐怖的奴仆——恩拉其而炸出的弹坑。

从天空中望去，龙骨荒野似乎是一片没有生命的不毛之地。但仔细感受，你也许会捕捉到微风中的一丝木烟味，还有充满热情的欢笑声，那是海象人正带着他的孩子们进行狩猎。即使在如此荒凉、偏远的地方，生命缚誓者的力量依然生生不息。

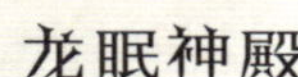

龙眠神殿

走过会让人患上雪盲症的皑皑雪原，你会看到一座高塔在萧瑟的冻土平原上拔地而起。在这个仿佛只有冰雪和虚幻极光存在的地方，还有这样一座光明灯塔，它就是龙眠神殿——各族巨龙集结之地，也是守护巨龙们团结一致战胜太古巨兽迦拉克隆的纪念碑。

这座高塔位于诺森德曲折、割裂的海岸线上，永远铭记着一位守护者——提尔的信仰，以及他所创造的令人尊敬的世界卫士们。

朱红庇护所 / 暮光高地

一片永远呈现朱红色的林地，如同警惕的哨兵，高高矗立在被诅咒的格瑞姆巴托堡垒的上方。在高地清冷的微风中，巨大的橡树抖动着龙鳞般的叶片。这片宁和的土地曾经是红龙的静息之地，现在却承载着巨龙女王阿莱克丝塔萨受困于龙喉氏族时种种哀伤的回忆。

远处，一座高塔耸立，扭曲的虚空能量从塔中流散出来，渗透进曾经健康、肥沃的广阔原野，它所触及的一切都在发生变异。虽然暮光之锤在多年前就已经被打败，但这片土地依然没有复原的迹象。因此，红龙们还在日夜不休地看守着这个地方，警惕一切虚空的躁动。

觉醒海岸

萌发的绿叶覆盖在逐渐抬升的低地丘陵上，为那些依靠翅膀或乘着浪涛到达巨龙群岛的来客提供了一片静瑟的登陆之地。“觉醒海岸”之名，就是为了赞美这道被阳光亲吻的海岸线。这片长眠于时间长河中的土地，在千万年前就已经被塑造成红龙一族的避难所。

现在，占据这里的是未经驯化的自然力量，生命魔法和漫长的时间让许多泰坦建筑化为废墟，目光所及尽是一片混沌景象。桀骜不驯的元素能量在这里横冲直撞，肆意展现出它们原始的真实形态。借助这些狂野的能量，这里的动物也不断演化，在适应环境的同时，最终从泰坦设计的束缚中挣脱出来。

在龙族离开这里之后，混乱和秩序之间的平衡发生了严重的倾覆，导致守护巨龙们回归的时候，这里的许多古老居民都表现出忧虑甚至鄙夷的态度。尽管巨龙女王阿莱克丝塔萨立誓要保护艾泽拉斯所有的生命，但有时，和谐只能通过牺牲来实现。

青铜龙一族

在辽阔的塔纳利斯沙漠，在变幻无常的流沙下面，隐藏着一片平平无奇的玄武岩地。它崎岖不平的粗糙表面几乎和时间本身一样古老。这里没有宏伟的大门诉说它有多么重要，也没有高大的石碑讲述它的深远意义，只有一些杂乱无章的塔楼和小屋，仿佛是从艾泽拉斯各个遥远的角落随便被揪扯过来拼凑到一起的。但如果你来到它近前，就难免会遇上克鲁纳里斯和提克——这个地方永恒的龙族守卫。不过，决定你是进入时光之穴，还是被送进风蚀坟墓的，并不是他们，而是因果相关的命运。

如果你觉得这很残酷，那是因为几乎没有凡人能够真正理解青铜龙族存在于时间之外的能力。对我们来说，道路是线性的、可预测的，当下是我们唯一做出改变的机会。而对青铜龙来说，过去、现在和未来都是可以无限触及、无限腐化的。出于这个原因，至高守护者莱任命青铜龙族为时间路径的保护者，以防止任何人企图干扰艾泽拉斯历史的关键时刻。

鉴于他们肩负的重任，青铜龙族总是在时间

长河中穿行，而不是纠结于我们凡人当下的事务中。这让他们成为最难以捉摸，更难以见到的龙族。我们只知道，对艾泽拉斯历史的迷恋，让他们坚定不移地捍卫着艾泽拉斯不断向前延伸的未来。

在上古战争中，巨龙军团为战胜燃烧军团所付出的巨大努力和所做出的牺牲有着明确的史籍记载，但青铜龙在其中的贡献往往没有完整的记录。我们知道，诺兹多姆将他的力量注入巨龙之魂，但凡人的记录中没有包含此事，或者可以说，凡人没有意识到随后发生的许多奇异的时间异常现象。从前的历史学家们不可能知道，青铜守护巨龙会派遣勇士们沿时间长河回溯，以对抗古神和永恒龙军团，保卫艾泽拉斯的未来。

尽管可怕的预言已经指明青铜龙族似乎会遭受不可避免的腐化，但诺兹多姆和他的族群依旧坚守着他们对于艾泽拉斯时间长河的责任，竭尽全力与永恒龙作战，阻止永恒龙仅凭自己的意志就改变艾泽拉斯的过去、现在和未来。

与青铜龙族交谈时，一定要确认你们所说的是同一个时间段。

诺兹多姆

时光之王＊青铜守护巨龙＊永恒龙姆诺兹多

在五大巨龙战胜迦拉克隆之后，至高守护者莱选中了诺兹多姆，赐予他泰坦阿曼苏尔的力量。作为青铜守护巨龙，诺兹多姆能够统驭时间本身。据说，他大部分时间里都在探索唯一的真正的时间线。任何物质位面的江河水系都远远没有它那样复杂，诺兹多姆会尽可能追溯它的每一条支流。据说，青铜龙族更愿意去体验古老时代的英雄事迹，而不是沉陷于凡间世界的政治纠葛中。不过，无论是时光之王还是他的族裔，只要听到艾泽拉斯卫士们的求援呼唤，都绝对不会置之不理。

第一场这样的危机发生在诺森德。尤格－萨隆牢狱的力量被渐渐削弱，导致守护者洛肯被腐化，无意中杀死了守护者托里姆的妻子——西芙。尽管没有确切的证据，但人们相信，是古神的疯狂呓语最终让洛肯背叛了其他守护者进而占据了泰坦城市奥杜尔。洛肯毫无顾忌地使用意志熔炉，创造出一支用泰坦力量铸造的军队。不过，他不知道的是，这些泰坦造物都遭受了血肉诅咒，他们最终变成了我们熟悉的巨人、土灵和维库人。维库人中尤其好战的一支，就是蔑冬人。统率他们的是伊格尼斯和沃尔坎——洛肯的两个最强大的造物。他们对土灵发动了战争。土灵向提尔寻求援助，提尔的巨龙盟友们也成为土灵的援军。就像同心协力战胜迦拉克隆时那样，守护巨龙们成功地制止了维库人的军队，让那些战争狂人陷入将近一千年的无梦沉眠。

许多龙族都相信，诺兹多姆的命运是不可避免的，但只有时间才能证明一切。

蔑冬战争结束、守护者提尔死亡之后，提尔为龙族建立的牢固纽带也因奈萨里奥在永恒之井的诡计而断裂。这场悲剧导致许多巨龙——尤其是黑色巨龙和蓝色巨龙——的遁世隐居。但诺兹多姆依旧与伊瑟拉和阿莱克丝塔萨一同为世界树诺达希尔做了祝福，并将自己的不朽赠礼给予暗夜精灵。那之后不久，他就遁入了时间长河。

从所有记载来看，直到第二次兽人战争爆发之后，人们才再次见到青铜守护巨龙。那时巨龙女王阿莱克丝塔萨被龙喉氏族囚禁。诺兹多姆响应女王的伴侣考雷斯特拉兹的呼吁，加入格瑞姆巴托之战，最终救出了阿莱克丝塔萨，摧毁了巨龙之魂。在重获巨龙之魂中的力量之后，诺兹多姆以更加充沛的精力去探索时间长河，结果他发现了一系列时间异常现象。在进一步的调查中，诺兹多姆发现了一些青铜龙叛徒，也就是永恒龙军团。

很快，诺兹多姆就发现了这一军团的首领正是未来的自己。为了探究其中原因，诺兹多姆逐渐深入时间流，直到他发现自己已经迷失在混乱的时间中，被困在所有时刻里（据悉，这种状态非常不舒服）。终于，他被兽人萨满萨尔解救出来。于是，诺兹多姆决定帮助一队勇士去消除因扭曲未来而造成的一系列灾祸。而这些扭曲正是永恒龙军团的首领姆诺兹多——也就是未来的青铜守护巨龙注定会造成的。

随着时间路径得到清理，青铜龙族又将他们的注意力转向巨龙之魂。他们需要从过往的时间中取得这件如今已被摧毁的神器，用来对抗死亡之翼奈萨里奥。在这只黄金圆碟被注入守护巨龙的全部力量和萨尔所召唤的元素力量之后，诺兹多姆和他的盟友们最终消除了来自死亡之翼和暮光审判的威胁。

索莉多米

时光之王诺兹多姆的主要伴侣＊流沙之鳞的领袖

作为青铜守护巨龙诺兹多姆的主要伴侣，索莉多米是青铜龙军团的第二指挥官，负责确保自己伴侣的命令在军团中得到切实执行。人们相信，她拥有和诺兹多姆几乎相同的力量，能够洞察时间的流动。据称，她是第一头察觉到由永恒龙军团干扰所致的时间航道中出现的腐化涟漪的巨龙，当时那些涟漪还极为微弱。

在凡人的史籍中，索莉多米经常被描述成高等精灵的形象，为了维护历史事件的正常运行而不断寻求凡人勇士的援助。许多历史人物错位现象经常让学者们感到困惑不已，尤其是在上古战争和海加尔山之战时期。不过，我们应该更加关注她在巨龙形态下的活动，比如在为巨龙之魂注入能量以对抗燃烧军团时她的活动，这能帮助我们梳理出真正的时间线。

虽然未经证实，但人们普遍认为索莉多米是最后两只永恒水瓶的守护者，这两只瓶子里装的是取自永恒之井的样品。当然，我们都知道，永恒之井本身早已不复存在了。在那之前，这两只水瓶为伊利丹・怒风的堕落追随者们所有，也就是纳迦部落的女王瓦丝琪以及奎尔萨拉斯的血精灵王子——凯尔萨斯・逐日者。

只有青铜龙知道伊利丹制造永恒水瓶的行为在未来将产生的后果。

克罗诺姆

克罗米＊青铜龙族大使＊时光旅行者的时光守卫者

可以说，克罗诺姆是所有巨龙中最有魅力的。她更为人所知的是她化身为凡世种族时使用的名字——克罗米。她一般不会变化成人类和精灵，而是更喜欢做侏儒。作为时光旅行者的主要成员之一和青铜龙族大使，克罗诺姆似乎非常喜欢与凡世种族打成一片。一直以来，她都在为我们这些凡人的存续而尽心竭力。

在我们已知的大部分历史中，青铜龙族留下过许多令人钦佩的事迹。而克罗诺姆最为人所称道的功绩，是她在永恒龙军团腐化时间线事件中对时间线进行修复。正是因为她的巨大努力，关系到第三次大战的时间线才得以完好无损，诸如人类首都洛丹伦的陷落和阿尔萨斯王子臭名昭著的斯坦索姆屠杀事件才不曾遭到篡改。

在对加尔鲁什・地狱咆哮的审判中，作为时光旅行者的时光守卫者，克罗诺姆协助泰兰德・语风对这名前部落大酋长提出指控。凯诺兹多姆是她的对手，为被告提供辩护，他帮助地狱咆哮逃进了另一个平行时间线。在追逐逃犯的过程中，克罗诺姆和她的盟友们意外地发现永恒龙军团也

参与到这场阴谋之中。凯诺兹多姆真正的意图是利用永恒龙军团的力量来改变历史，以便找到一条路径击败燃烧军团，因为这些魔鬼会不可避免地再次返回艾泽拉斯。

凯诺兹多姆最终被地狱咆哮背叛，他的计划功亏一篑。而克罗诺姆还在继续与永恒龙军团作战。从那时起，这些诡异龙族就将克罗诺姆视作一名强敌，认为她直接威胁到了他们的目标——尽管关于永恒龙到底有什么样的目标，我们现在还无从得知。在凡人勇士们的帮助下，克罗诺姆修复了几处被篡改的时间线。篡改这些时间线的目的是要造成她“不正确”的死亡。而我写下这些文字的时候，策划杀害她的幕后凶手还没有被找出来。

尽管生命依然受到威胁，克罗诺姆对青铜龙族和艾泽拉斯的忠诚是不容置疑的。不久之前，为了击败古神恩佐斯，她甚至将自己的生命精华注入神器艾泽拉斯之心中。

当克罗诺姆考虑该以何种面目行走于凡间时，诺兹多姆建议她认真思考两个问题——想要如何去体验凡间世界，以及希望人们如何看待她。

上古之龙阿纳克洛斯

青铜龙族继承人

因为龙族具有极为漫长的寿命，所以龙族在他们的守护者亡故之前就宣布继承人是很不寻常的事情。不过，青铜龙族当然是个例外。他们知道自己死亡的确切时刻。这一事实导致众多学者对诺兹多姆的未来都有自己的推测。无论时光之王诺兹多姆是注定会死于战争，还是将被古神腐化，他的儿子阿纳克洛斯终有一日将会承担起领导青铜龙族的责任。在那个命定的时刻到来之前，这位青铜龙继承人所行使的职责与他的母亲——青铜守护巨龙的主要伴侣索莉多米非常相似。青铜龙军团最关键的任务都会被交给他们。

阿纳克洛斯最伟大的功绩是在流沙之战中召集同族，英勇地对抗古神克苏恩。战争初期，大德鲁伊范达尔·鹿盔和希洛玛指挥的暗夜精灵军团成功地挡住了从安其拉神庙中涌出的亚基虫群。但是，在大德鲁伊范达尔·鹿盔的儿子瓦斯坦恩死亡之后，暗夜精灵军团开始溃败。丧子之痛瓦解了范达尔的战斗意志。无穷无尽的亚基巨虫趁机突破了暗夜精灵军团的防线。随后，亚基虫群将注意力投向时光之穴，青铜龙族由此被卷入战争。阿纳克洛斯召集起各个巨龙军团，巨龙们团结一致，将这股黑暗帝国的余孽赶回到神庙之中，重新封印了虫群。

在最后的战斗中，蓝龙阿瑞苟斯、绿龙麦琳瑟拉和红龙凯雷斯特拉兹将亚基虫群阻挡在安其拉的围墙之内。阿纳克洛斯则将自己的力量与德鲁伊们结合在一起，筑起了一道无法突破的魔法屏障，包裹住这座被诅咒的城市。这道屏障被称为甲虫之墙，它屹立了将近千年之久，直到古神牢狱的力量被进一步削弱，英雄们不得不将其破坏，与克苏恩展开正面战斗。

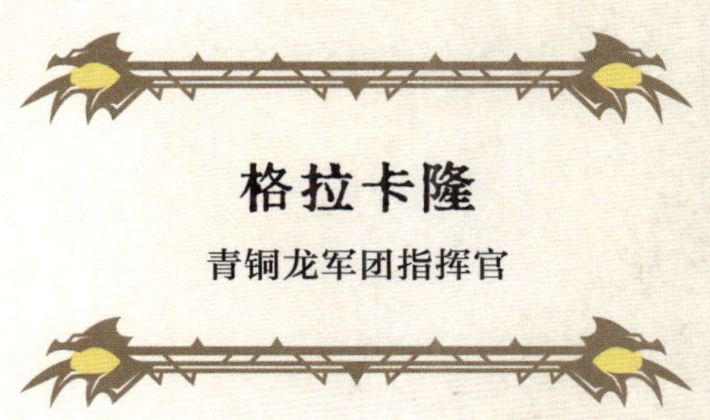

格拉卡隆

青铜龙军团指挥官

在流传至今的记载中，格拉卡隆是一头巨大的青铜龙，最擅长给青铜龙族的敌人带去毁灭性打击。格拉卡隆听从阿纳克洛斯的召唤，在安其拉城中与那些黑暗帝国的余孽作战。据说，这头强大的巨兽陨落在无疤者奥斯里安策划的一场狡诈伏击中。奥斯里安从属于阿努比萨斯——一支由泰坦铸造的守卫部队，但在漫长的岁月中，这些巨像被古神克苏恩所腐化。尽管被敌人掷出的利剑所伤，格拉卡隆还是重创了奥斯里安，几乎取下对方的性命。然而，亚基虫群如潮水般涌来，淹没了这头高贵的青铜巨龙。

格拉卡隆的巨大骸骨被希利苏斯炽毒的阳光炙烤了上千年，直到最近被萨格拉斯之剑所摧毁。阿努比萨斯一直将这头巨龙的骨殖所在视为圣地。对他们而言，这副骸骨代表着他们战胜了最强大的敌人，是阿努比萨斯力量的象征。对卡利姆多南部的法拉基巨魔而言，这副已经有一半被黄沙埋没的龙骨更是无数传说的源头。

阿努比萨斯是至高守护者莱创造的黑曜石巨像，其任务是守卫奥丹姆和安其拉。

塞菲尔和希多尔米

时光守护者代表＊时光旅行者的看护者

塞菲尔和希多尔米最常出现的形象分别是高等精灵和人类。据说诺兹多姆亲自挑选出她们作为时光守护者。作为时间路径的看护者，她们需要负责应对艾泽拉斯全部历史中虽普通却频繁出现的扰动。随着死亡之翼奈萨里奥的败亡和守护巨龙们失去力量，时光守护者们决定重组为时光旅行者，并招募愿意出力保护时间路径的凡人加入。

许多经验丰富的旅行者第一次遇见龙都是在沙塔斯城，那座城市位于破碎的德拉诺。尽管在叛逆者伊利丹·怒风失败之后，外域获得了相对的安全，但塞菲尔大部分时间里还是会留在天涯旅店。如果在那里找不到她，她很可能就是在完成那份至关重要的工作——维护导致第二次大战的事件链条。

据观察，大多数青铜龙对凡间世界都漠不关心，但希多尔米很喜欢她作为时光守护者联络人的工作。在这个岗位上，她帮助许多凡人看到过往历史中的一些浮光掠影。这样的能力和职责也让她对很多事件有着格外深刻的思考，比如前部落大酋长加尔鲁什·地狱咆哮悲剧性地摧毁塞拉摩，燃烧军团通过黑暗之门入侵诅咒之地，部落焚烧精灵的首都泰达希尔，以及联盟为了报复部落而对洛丹伦废墟中被遗忘者的首都幽暗城发动进攻，等等。

我们绝对不可能逆转时光，但我们还是能偶尔看一看过去发生了什么。

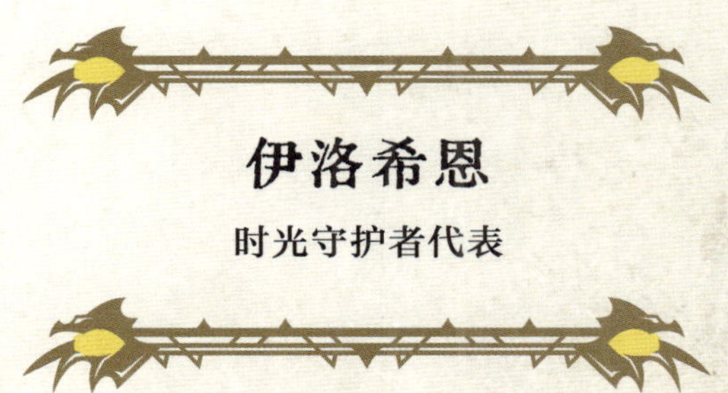

伊洛希恩

时光守护者代表

据悉，时间路径的神圣性与完整性正在受到多种异常现象的干扰，而青铜龙军团对此也越发感到警惕。不过，直到伊洛希恩派出一队冒险者回溯到时间长河中保护大酋长萨尔逃离敦霍尔德城堡的关键历史链条，青铜龙军团才真正与永恒龙军团发生了正面交锋。

永恒龙军团知道，燃烧军团入侵海加尔山之所以会惨遭失败，萨尔是其中的关键因素。因此，他们决定在这名萨满建立部落之前就将他彻底抹除。为了实现这一目标，他们派遣一名刺客前往萨尔真正成为威胁之前的时空，准备在那里结束这名兽人的生命，这名刺客就是著名的时空猎手。幸好伊洛希恩指引一队勇士穿越至萨尔得到解放的一系列事件中，保护了对艾泽拉斯至关重要的一位英雄以及他所经历的历史。

除此之外，永恒龙军团还多次尝试改变过去，以期让疯狂的未来得以实现。不管怎样，至少他们改变萨尔命运的企图彻底失败了。

时光之穴

在卡利姆多南部，在焦热的塔纳利斯沙漠核心地带，掩藏着时光之穴。这个洞穴系统是青铜龙族和时光旅行者的家园，其中隐藏着无限的时间路径和经过扭曲的现实。它们是唯一真实的时间线上分离出的各种岔路。

就是在这个存在无穷时间可能性的领域，邪恶力量一直企图拆解现实本身的经纬线。承载艾泽拉斯历史的神圣时间路径上出现了危险的反常现象，历史脉络的编织也因此渐渐变得散乱、脆弱。如果没有萨尔，暮光审判能被扭转吗？如果黑暗之门从不曾开启，燃烧军团是否会远征艾泽拉斯？

那些一直在破坏时间路径的势力知道答案。如果有人敢于凝视青铜龙的未来，他就会明白，一些看似不可能发生的事情并不能完全被忽视。

安其拉

在希利苏斯的流动沙丘之间，散布着一些鹿盔哨所的遗迹。在这片充满危险的荒蛮土地上，旅行者也许只能找到一些久经风蚀的破烂建筑作为庇护所。就算是躲进那些小屋里，也还是会因一种无止息的嗡嗡声而心神不宁。那是成千上万只巨型甲虫发出的声音，它们被一种看不见的力量所控制，永远都在不遗余力地结群劳作。不管怎样，依然有一些人不顾危险，出没于这片废墟之中，他们只有一个目的：亲眼看到安其拉宏伟的城墙。

安其拉是泰坦遗留的一座前哨站，里面隐藏着一个不祥的秘密：一名邪神已经深入艾泽拉斯的核心，它造成的破坏足以摧毁这个世界的灵魂。泰坦曾经将它囚禁在深不可测的永恒牢狱中，但虚空力量还是穿透了原本牢不可破的屏障，发出邪异的呼唤，将庞大的虫群吸引到它的黑暗帝国家园。

安多哈尔

令人窒息的一团团浓雾飘浮在凝滞的空气中。恶魔般的黑暗犬发出饱受折磨的号叫，让本来有胆量踏足这片被诅咒之地的人感觉全身的血液都凝固了。安多哈尔曾经是洛丹伦和东威尔德的农业中心，现在它核心地带郁郁葱葱的繁盛草木却已所剩无几。天灾瘟疫就是从这里开始的。这种不应该存在于人间的灾难由巫妖王的手下——邪恶的亡灵法师克尔苏加德所创造。阿尔萨斯·米奈希尔的命运也在此地发生了彻底的转变，他的灵魂被复仇之心彻底吞没了。

在风车吱呀作响的美丽田园中，一位英勇的圣骑士与他心爱的弟子展开了最后一战。当时，他的那位弟子已经堕入黑暗，一个曾经宣誓要保卫光明的灵魂被噬渊之力撕裂成两半。如果没有青铜龙的视野，这件事就只会被看作一场毫无意义、完全没有正义可言的悲剧。只有穿越了时间的青铜龙，才能看见这位英雄超越悲剧的未来。

索德拉苏斯

索德拉苏斯位于巨龙群岛辽阔多山的中心地带。它是五个古老龙族的聚集地，受人尊敬的提尔要塞也矗立于此。注能大厅就在这座神圣的纪念碑内部。这里有一部复杂的泰坦机器，它能够从永恒圣泉中汲取浩瀚无际的能量。在大地裂变撕开卡利姆多大陆之前，这部巨大的装置让守护巨龙和他们的族群从原始的野兽升华为艾泽拉斯的守护者，直至今日。

尽管周围许多地区都经历过泰坦的铸造，也留有大量泰坦建筑，但巨龙文化同样留下了独特的印记。巨龙们最壮丽的造物之一就是光辉之城瓦德拉肯。守护巨龙们一直在那里指引艾泽拉斯广阔世界的运转。

在这里郁郁葱葱的山岭间漫步，只要有足够的耐心、走得够久，就会发现青铜龙族编织的独特回声无所不在。神圣沙漏就是最典型的范例之一。曾经去过时光之穴的旅行者肯定不会忘记在那里见到过与之完全一样的圣物。第一只神圣沙漏在这里被创造出来，时光之穴中的是它完美的复制品。敏锐的观察者甚至会注意到，这件神圣容器中的一部分沙子曾经被诺兹多姆携带于肩头，被用来击败死亡之翼奈萨里奥。同样，时光流汇这座神庙建筑的许多特色也被青铜龙在南卡利姆多的非凡巢穴所继承。

在年表圣殿中，诺兹多姆能够直接进入不同的时间通道，经历任何一个时间点，包括他自己死亡的时刻。尽管许多凡人都认为泰坦阿曼苏尔预见的景象是一种诅咒，但青铜龙只会将这看作唯一真时间线因果演进的一部分。

蓝龙一族

蓝龙一族的历史充满了伟大的勇气、苦涩的背叛，以及锥心的痛楚。每一个龙族军团都在上古战争中遭受了惨重的伤亡，但蓝龙军团所付出的牺牲已经沉重到任何灵魂都无法承受的地步，而对造成这场劫难的那名仇敌，蓝龙的恨意之深、持续时间之久，这世上也再没有其他任何仇恨可以比拟。巨龙之魂的一次轰击，让玛里苟斯几乎全部的亲族被悉数抹杀，其中包括他最亲爱的伴侣辛达苟萨。失去亲人的极度哀苦让魔法守护巨龙玛里苟斯躲入魔枢深处，几乎不再理会尘世的纷扰。

鉴于艾萨拉女王对永恒之井的所作所为，蓝龙军团将所有凡人都视作没有资格使用魔法的愚蛮生物，其中包括诺森德的杉达拉上层精灵。在卡多雷帝国崩塌、世界树诺达希尔从永恒之井中诞生后，作为上层精灵的幸存者，杉达拉精灵渴望获得蓝龙将生命体水晶化并从中汲取魔法能量的能力。他们希望以此来代替永恒之井，为他们提供永生和施行奥术所需要的能量。

面对杉达拉精灵的恳求，蓝龙一族不但没有

提供帮助，还显露出公开的敌意，他们唯恐这些上层精灵重蹈覆辙。愤怒和绝望驱使这些精灵潜入魔枢，偷走了蓝龙军团的奥法技术和多件宝物。如此厚颜无耻的行径导致蓝龙大举发动反攻，立誓要根除杉达拉精灵在月歌森林的据点。在注定将要遭受毁灭的时刻，精灵法师们释放出他们偷窃来的力量，想要对抗怒不可遏的蓝龙军团，结果却导致了一场剧烈的爆炸，整片森林都化为了水晶。栖居于杉达拉的所有生物都失去了生命，只剩下亡魂飘荡在晶歌森林破碎的枝杈间，直至今日。

随着岁月迁延，蓝龙一族对凡世种族的古老偏见也因受其他龙族的影响而逐渐淡化。由于玛里苟斯一直留在魔枢深处不问世事，其他守护巨龙和他们的亲族或多或少地担负起照顾蓝龙族群的责任。现在，新一代的蓝龙已经担负起泰坦交予他们一族的神圣责任——守卫奥术能量，同时守护艾泽拉斯。不过，他们又和自己的长辈有所不同。许多年轻蓝龙会变化成凡世种族的样子，谋求成为肯瑞托的一员，一方面可以在这个法师组织中发挥自己的力量，另一方面也可以确保艾泽拉斯的精英法师不会再次滥用魔法。

玛里苟斯

织法者＊蓝色守护巨龙＊魔法监护者

作为对抗迦拉克隆的五头原始巨龙之一，玛里苟斯得到守护者洛肯的认可，受命看护泰坦诺甘农的奥能与星界之力。在其他守护巨龙的记忆中，玛里苟斯一直是一位忠诚可靠的守护者，直到他的亲族在永恒之井遭受灭顶之灾。那以后，玛里苟斯遁入魔枢，完全沉浸在自己的哀伤之中，无法自拔。在他缺席的日子里，所剩无几的蓝龙族群继续承担起泰坦留给他们的责任。直到第二次大战之前，再没有人见到过魔法守护巨龙玛里苟斯。

死亡之翼奈萨里奥的归来将玛里苟斯从哀伤的噩梦中惊醒，更重要的是，他察觉到从龙喉氏族手中解救阿莱克丝塔萨的机会。于是，玛里苟斯响应召唤，与其他守护巨龙一同加入格瑞姆巴托之战。尽管没能消灭奈萨里奥以平息自己的怒火，但巨龙之魂的毁灭和红龙女王阿莱克丝塔萨的获救终于让玛里苟斯恢复了一丝理智，让他能够再次与他的亲族一同巡游在魔枢之中。就是在这种状态下，他遭遇了灵翼龙的攻击。那些没有实体的异常龙族是塔里苟萨从外域带回来的。出于某种未知的原因，在玛里苟斯吞食了灵翼龙的能量之后，这头守护巨龙完全觉醒了，并且终于记起了自己的神圣职责。但在随后对艾泽拉斯魔法状态的评估中，玛里苟斯迅速将自己的怒火转向凡世种族。他认为，这些躁动的凡人正在吸引燃烧军团的注意。毫无疑问，这将对艾泽拉斯造成严重的威胁。

为了防止恐怖后果的发生，魔法守护巨龙命令他的族群将艾泽拉斯所有的魔网能量转移到魔枢中，再将这些能量无害地输入扭曲虚空。为了寻找奥术网络失效的原因，肯瑞托派遣一支使团前往蓝龙军团位于考达拉的家园。蓝龙军团却强迫他们必须做出一个不可能的选择：或者加入玛里苟斯的疯狂计划，成为法师猎手；或者丧命在北方这片冰天雪地之中。魔法守护巨龙玛里苟斯的疯狂意图至此已昭然若揭。于是，肯瑞托决定将达拉然传送至诺森德，在那里团结起一切可以团结的力量，对抗疯狂的魔枢。

为了更深入地了解魔枢、永恒之眼和聚焦之虹，请参阅奥术师佩克兰娅的《深度创新》（Delving Deeper）、《古艾泽拉斯知名文物》（Notable Antiquities of Ancient Azeroth），以及大法师卡莱的《强力魔法神器及其持有者》（Powerful Magical Foci and Those Who Wielded Them）。

随着龙眠联军的成立，其他巨龙军团和肯瑞托的勇士们站在了同一条阵线上。部落和联盟合力杀入玛里苟斯的神圣领域，也就是我们所知的永恒之眼。尽管蓝龙军团最古老、最忠诚的成员为他们的领袖献出了全部力量，但魔法守护巨龙玛里苟斯还是倒在了龙眠联军勇敢的英雄们面前。他吸干艾泽拉斯全部奥法能量的计划未能实现。只是在那时，我们还不知道，玛里苟斯的愚行所导致的自然灾害和即将到来的大地裂变相比，实在是微不足道。

卡雷苟斯

蓝色守护巨龙＊卡雷＊肯瑞托大法师
提瑞思秘法会成员＊六人议会成员

无论是学者还是普通人差不多都知道卡雷苟斯，因为他是这个时代最仁慈、最杰出的法师之一。在保卫艾泽拉斯方面，他做出的贡献比其他任何龙族都大。在死亡之翼奈萨里奥陨落之战中，他失去了泰坦赠予的力量，自此之后，他就不再将自己看作守护巨龙，但他依然是蓝龙一族的领袖。

他在凡间经常以半人半精灵的形象出现，名为“卡雷”。这位天赋非凡的蓝龙曾经竭尽全力保护太阳之井的人类化身安薇娜·提歌，最终让太阳之井得以重生。他与阿莱克丝塔萨的伴侣考雷斯特拉兹齐心协力对抗达尔坎·德拉希尔，阻止了这个辛多雷叛徒将太阳之井的能量窃为己有。击败这名敌人以后，卡雷苟斯继续留在奎尔萨拉斯，坚定地保卫安薇娜，直到安薇娜英勇地牺牲自我，以削弱艾瑞达领主基尔加丹的力量，并将这个大恶魔在阿古斯和艾泽拉斯之间开启的传送门彻底关闭。

命运让卡雷苟斯和考雷斯特拉兹在格瑞姆巴托被诅咒的殿堂中再次相逢，一同揭穿黑龙希奈丝特拉的阴谋。黑色守护巨龙奈萨里奥的伴侣利用逃亡灵翼龙泽拉库的生命精华创造出暮光龙卓贡纳克斯。尽管卡雷苟斯和考雷斯特拉兹成功地战胜了这头被制造出来的怪物，但卓贡纳克斯的毁灭让他们的德莱尼战友——女祭司伊丽笛，还有泽拉库付出了生命的代价。

虽然卡雷苟斯基本上没有参与魔枢战争，但在龙族取回巨龙之魂以后，他在改变这件神器性质的过程中发挥了关键性作用。这件神器也因此才能融合萨尔的萨满力量，进而对死亡之翼造成伤害。在那场战役中，为了最终摧毁这位堕落的大地守护者奈萨里奥，卡雷苟斯彻底放弃了自己的泰坦力量。随后，他很快将注意力转移到达拉然和肯瑞托的紧急事件中。作为六人议会的成员，当维克修娜率领的暮光龙军团向红龙军团发起进攻的时候，卡雷苟斯为红龙军团提供了有力的援助。就在最近，卡雷苟斯与其他巨龙军团的领袖一起为艾泽拉斯之心注入自己的生命精华，让这件神器能够汲取奥丹姆起源熔炉的能量，从而击败古神恩佐斯。

创造一个简单的化身绝不是一件容易的事情，更不要说这个化身还会拥有自己的生命，甚至偷走一头高贵蓝龙的心。

辛达苟萨

玛里苟斯的主要伴侣＊参加过上古之战的老兵

对权力和复仇的渴望会导致许多伟大领袖走上堕落之路，但没有任何一个故事能够像卡多雷女王艾萨拉那样令人警醒。她的上层精灵们施行的各种奥术试验吸引了萨格拉斯的注意，于是这名黑暗泰坦向精灵女王许下承诺，艾萨拉为之心醉神迷，开始全力制造一道传送门，让燃烧军团能够降临在艾泽拉斯，净化掉这个世界上所有她认为毫无价值的存在。为了实现这种可怕的目的，精灵女王促使燃烧军团的恶魔士兵洗劫了苏拉玛和辛艾萨莉的许多城市，将一切敢于违抗她的生灵尽数屠杀。

巨龙军团知道萨格拉斯的真正目的是摧毁艾泽拉斯，于是他们加入了泰兰德·语风和玛法里奥·怒风率领的精灵抵抗军，一同对抗燃烧军团。守护巨龙和精灵德鲁伊们拥有强大的力量，但他们知道，仅凭他们的力量不可能战胜黑暗泰坦。就在这时，奈萨里奥拿出了一件能够扭转战局的武器——巨龙之魂，一只看上去并没有什么特别之处的黄金圆碟。

就在艾泽拉斯联军奋力抵御燃烧军团的猛攻时，大地守护者奈萨里奥向敌人催动了巨龙之魂。但令人意想不到的是，他突然将巨龙之魂转向自己的盟友，做出令人发指的背叛恶行。作为玛里苟斯的主要伴侣，辛达苟萨一直在蓝龙军团的最核心处作战。巨龙之魂的能量袭来时，她遭到了直接轰击。许多蓝龙在那一刻就被杀死了，没有丧命的也被抛到诺森德最遥远的地方。

传说，辛达苟萨双目失明，在冰冠冰川一座犬牙嶙峋的高山上奄奄一息。她挣扎着想要前往龙骨荒野——所有巨龙最后的长眠之地。留在冰川表面的龙爪痕迹显示出她曾不顾一切地想要从高耸的冰峰上滑下来，但很快她就意识到，自己已经没有力气到达那片能够让她安息的土地了。辛达苟萨用自己最后的力量向玛里苟斯发出呼唤，希望得到伴侣的援助，但回应她的只有诺森德凄厉的寒风。她精神开始错乱，心中充满恨意。据说，蓝色守护巨龙玛里苟斯的这位伴侣诅咒了所有导致她死亡的凶手——背叛者奈萨里奥、肆意杀戮的燃烧军团，甚至还有玛里苟斯，因为她曾经深爱的伴侣忽视了她最后的乞求。

然而，据说，辛达苟萨将自己最狂暴的愤怒指向了那些莽撞自大的凡世种族，正是他们的狂妄行径让燃烧军团降临在艾泽拉斯，进而招致了这一切祸端。后来，无尽无休的恨意将她变成亡灵，也让她成为巫妖王最具毁灭性的武器之一。

尽管蓝色守护巨龙玛里苟斯的主要伴侣在上古战争中陨落，但她的许多智慧奇迹般地在碧蓝林海以幻影的形式被保存了下来。

巴拉苟斯

魔法看护者

据传说，作为蓝色守护巨龙玛里苟斯的年长后代，巴拉苟斯非凡的魔法造诣即使在使用魔法如同呼吸般自然的蓝龙一族之中也难得一见。但任何明智的大法师都会告诉你，这种生来就拥有的强大能力和与之如影随形的傲慢会让任何生灵都缺乏应有的谨慎。

巴拉苟斯的父亲制订出引发魔枢战争的疯狂计划，与之相应，巴拉苟斯在更早的时候就有一种怪异的想法，他决定制造一件神器，封锁艾泽拉斯所有潜在的魔法能量，让鲁莽的凡人无法再肆意操纵这些能量。为了达到这一目的，他设计出一种立方体，它能够吸收和储存能量，并且其中的能量只有蓝龙一族才可使用。现在看来，他的理论是可行的，但这头蓝龙非常遗憾地在计算时犯下了一个致命的错误。

最终，巴拉苟斯做出了一件有缺陷的装置。这件装置被激活以后，他的全部生命精华都被吸入其中，只剩下一副没有生命的躯壳。正因为如此，这只立方体现在被称为“巴拉苟斯之殒”。

玛里苟斯将这只立方体交给奈萨里奥保管，自此之后，这件宝物失踪了上千年。当巴拉苟斯之殒重新出现的时候，它已落入死亡之翼奈萨里奥的主要伴侣——希奈丝特拉的龙爪中。当时，希奈丝特拉正谋求建立她的暮光龙军团。根据卡雷苟斯的回忆，那头黑龙正是利用这个立方体吸收了灵翼龙泽库拉的能量，并将这股能量注入她的新造物——暮光巨怪卓贡纳克斯的体内。

所有法师都必须吸取巴拉苟斯的教训，明白一切测量和计算都要经过仔细检查。

艾索雷葛斯

魔枢的守卫者＊艾索雷葛斯之魂＊安娜拉的伴侣

龙经常被描绘成坚忍质朴的生物，不过，他们也经常会表现出和凡世种族同样的七情六欲。诸如幽默、讽刺、激情和其他各种情绪特征对龙族而言都不陌生，再加上他们的变身能力，融入异族文化对龙族而言轻而易举。而且，彼此相通的情绪特征也成为一道桥梁，让龙族能够更好地理解他们立誓要保护的这些凡人。我与许多生活在凡间的龙族使者打过交道。说实话，我觉得没有谁能像蓝龙艾索雷葛斯那样对明嘲暗讽之类的微妙情绪表达有着如此深刻的理解且掌握得如此熟练。

艾索雷葛斯受玛里苟斯的嘱托，要找到并守卫蓝龙军团一些最强大的奥术宝物，因此他经常会前往艾萨拉南部的埃达拉斯精灵遗迹。许多法师都对这头蓝龙长期以来不断造访精灵遗迹的行为很感兴趣。他们猜测，那些古老的上层精灵神殿中一定还藏有不少宝物。甚至有一些法师大胆地推测，那些失踪的永恒水瓶很可能就藏在那里。实际上，那头蓝龙所守护的事实真相才是一个严肃且重要的问题。

在范达尔・鹿盔打碎流沙节杖之后五百年，艾索雷葛斯成为节杖碎片的三名守卫者之一。他兢兢业业地履行着自己的神圣职责，同时他也相信，只要这种强大宝物存在于世的消息流传出去，总有一天，那些寻求荣耀和宝藏的勇者会闻风而至。最终，他的想法被证明是正确的。

终于，一队受到艾索雷葛斯认可的勇士在他的指引下得到节杖碎片，能够借此与古神克苏恩作战。在此之后，艾索雷葛斯遭到一群邪恶的流亡战士的攻击。他不愿意再返回物质世界，从此便一直藏身于灵界。在那里，他与灵魂医者安娜拉生出情愫。尽管在蓝龙一族的要求下，他最终不得不返回魔枢，成为魔枢守卫者，但离开爱人让这头蓝龙的内心无比沉重。

我对暗影界进行过广泛研究，却还是没能搞清楚艾索雷葛斯如何在那个幽灵界域隐藏了那么长时间，而他也拒绝向我袒露实情。

阿瑞苟斯

玛里苟斯的儿子＊流沙之战老兵＊暮光龙和永恒龙的盟友

在关于阿瑞苟斯的传奇中，有着无私的勇敢、无比的傲慢，以及无法摒弃的旧日仇恨。他曾经响应青铜龙军团的号召，加入与安其拉的亚基虫群作战的行列。在流沙之战的最后一场战役中，为了赢得最终胜利，阿瑞苟斯与绿龙麦琳瑟拉和红龙凯雷斯特拉兹一同将虫群大军挡在安其拉城中，让其他战友有时间升起甲虫之墙，封印这些巨虫。人们认为这三头龙都已经在那一天壮烈牺牲了。然而，事实真相令人无法相信，更难以接受——这三头龙都活了下来，成为古神克苏恩的俘虏，一直饱受折磨。

尽管他们三个从不愿意提起那段黑暗的时光，但我们知道，他们与虚空的疯狂斗争了一千年，直到圣甲虫大锣被敲响，甲虫之墙倒塌，他们才终于摆脱了那场噩梦。而三位龙族英雄在重获自由之后依然没有放弃战斗，他们与凡人勇士们一起向克苏恩发起挑战，希望彻底结束古神克苏恩日益加剧的影响。

正是因为凡人的出现，阿瑞苟斯和他的战友们才得到救援。然而，阿瑞苟斯仿佛忘记了这一事实。在安其拉战争结束千年之后，他刚刚离开地底牢狱，回到蓝龙族群，就成为玛里苟斯疯狂计划的坚定支持者，帮助自己的父亲切断法术能量与艾泽拉斯各年轻种族之间的所有联系。即使在魔枢战争结束之后，阿瑞苟斯依然无法认识到父亲的错误，反而开始怨恨龙眠联军杀死他们一族的守护巨龙。他决意要继续父亲的事业，并宣称自己是玛里苟斯的继承人，要求得到蓝色守护巨龙的地位和力量。尽管玛里苟斯给蓝龙族群带来了巨大的伤害，蓝龙一族还是分裂成以阿瑞苟斯为首难以放下旧日仇恨的一派和以卡雷苟斯为首想要与凡世种族联手合作的一派。最终，萨尔充满激情的演说让蓝龙一族决定跟随自己的心灵做出选择，超越玛里苟斯和其子阿瑞苟斯的执念与仇恨。而卡雷苟斯也因此得以在神圣的“月之拥抱”仪式上晋升为新一代守护巨龙。

阿瑞苟斯遭到同族的拒绝，眼看萨尔坏了自己的好事，心中的怒火剧增。一心只想报复的他，竟然召唤了暮光教父，而暮光教父则将此视为帮助永恒龙军团的一个机会。他制订了一个大胆的计划，要将另外一个艾迪拉斯·布莱克摩尔——这位敦霍尔德城堡的主人曾经养育萨尔长大——带入现实的时间线中。暮光教主的计划就是让这个艾迪拉斯杀死萨尔。就在阿瑞苟斯相信自己的复仇即将成功的时候，却遭到了艾迪拉斯的反叛，颅骨被后者一剑刺穿。利用这头蓝龙的血，暮光教父激活了一件被称为“聚焦之虹”的强大宝物，并借此复活了唯一真正的多彩巨龙——克洛玛图斯。

一位曾经深受爱戴的蓝龙英雄，他的故事有着一个苦涩的结尾。

阿坎纳荀斯 / 夜之魇

提瑞斯法守护者的盟友

尽管被腐化的守护者麦迪文成功隐瞒了他与古尔丹的大部分会面，但他们开启黑暗之门、连接德拉诺和艾泽拉斯的行动绝不是一件小事。当时大多数与魔法有密切关联的生灵都感应到强大能量的震荡，但只有艾格文指出了产生震荡的确切源头。这位前任提瑞斯法守护者立刻召唤了她的巨龙盟友阿坎纳荀斯，并出发去调查暴风城南方的沼泽地带，也就是我们熟知的黑色沼泽。在那里，她惊骇地见证了自己的儿子建造魔法传送门的疯狂之举。在这道门的对面，是一个完全被燃烧军团控制的世界。

艾格文立刻飞向附近的卡拉赞高塔，想要与麦迪文当面对质。当时她的儿子正忙着招待许多暴风城贵族。经过一番激烈的争论，她终于惊讶地意识到，儿子的心神早已被黑暗泰坦萨格拉斯占据。黑暗泰坦试图利用麦迪文巨大的力量打开传送门，对艾泽拉斯发动一场新的侵袭。

母子之间随即展开战斗。激烈的魔法鏖战撼

动了那些牢固高塔的根基。最终，艾格文被击倒，阿坎纳苟斯立即介入这场冲突。受到黑暗泰坦的逼迫，麦迪文将这头忠诚的蓝龙从外至内焚烧殆尽，并诅咒他剩余的骸骨变成一具烈焰亡灵。因为害怕艾格文会在这场战斗中占据上风，萨格拉斯汲取了逃亡宾客们的生命能量，打算一举终结这位前任提瑞斯法守护者的生命。但在最危急的时刻，麦迪文努力从萨格拉斯的控制中挣脱出来，将艾格文传送到安全的地方。

最近这些年里，那头被称为“夜之魇”的恐怖骨龙几乎没有再出现过，不过一些零星的报告表明，有旅行者和紫罗兰之眼的成员见到过他。紫罗兰之眼是肯瑞托建立的一个组织，其任务就是监视卡拉赞和麦迪文。从他们的报告来看，踏入卡拉赞的边界是非常不明智的行为。那里长期以来都是那头蓝龙亡灵的主要活动区域。

塔里苟萨

塔莉 * 龙眠联军成员

陪同卡雷苟斯在洛丹伦调查天灾军团的时候，塔里苟萨和同伴们一起发现并保护了神秘的安薇娜·提歌。塔里苟萨、卡雷苟斯，再加上红龙考雷斯特拉兹，他们三个合力击败了精灵叛徒达尔坎，让这个精灵夺取安薇娜体内太阳之井能量的阴谋未能得逞。塔里苟萨在执行那次任务前已经与卡雷苟斯订婚，但他们两个很快就分手了，因为在那次任务之后，卡雷苟斯发誓要保护安薇娜，并且和安薇娜有了感情。之后，塔里苟萨来到了外域，并且卷入了由灵翼龙导致的种种问题和灾祸之中。

塔里苟萨意识到，泽拉库和他的灵翼龙幼雏是死亡之翼奈萨里奥被扭曲的遗遗，她开始致力于将他们从叛变死亡骑士拉格诺克·舐血者手中解救出来。拉格诺克妄图利用这些幼龙征服外域。为了治愈这些在被俘期间遭受残忍虐待的灵翼龙，塔里苟萨将他们带到魔枢，让他们吸收这座建筑的奥术能量，从而恢复活力。泽拉库和他的雏龙们在这里获得了巨大的能量哺育，很快就恢复了力量，但他们害怕塔里苟萨这样做并非出于好意，而是别有目的。他们认为，要避免再一次被他人控制，唯一的机会就是彻底占据魔枢无限的能量。于是，泽拉库率领他的雏龙们向蓝龙军团发动突袭，这最终导致了玛里苟斯的苏醒和魔枢战争。

在龙眠神殿之战中，塔里苟萨曾经短暂返回诺森德，随同巨龙军团作战。但她在心中发誓，在魔枢上演的悲剧之后，她将继续保护幸存的灵翼龙幼雏——这项高尚的任务必须有人来承担。尽管她回应了蓝龙军团的召唤，将会回到军团，但此时，塔里苟萨似乎还是把主要精力放在外域一个被称为“虚空风暴”的地方，那是一片蕴含着丰富能量的区域，一群雏龙正在那里茁壮成长。

由于这里高度集中的奥术能量，虚空风暴成为外域灵翼龙完美的狩猎场。

达拉然 / 肯瑞托

这座充满秘仪奇迹的城市会不断改变自己的地理位置，但无论它出现在何处，人们只要看见它，就能认出它。它建立在古老的奥术能量脉络上，那里有光芒耀眼的白色高塔、数不清的图书馆，还有封锁着无穷禁忌秘辛的秘藏宝库。最初建造它的是阿拉索法师。当时，那些法师刚刚与奎尔萨拉斯的高等精灵达成历史性的协议。那以后，这座浮空堡垒世世代代为凡人和龙族提供庇护。

自从达拉然不再在洛丹米尔湖岸边，对没有翅膀和鳞片的达拉然居民而言，缓落术药剂就变得非常珍贵。

魔枢

在诺森德广袤的西部雪原，坐落着冰封的考达拉岛。这是一座孤立的火山，周围环绕着犬牙交错的陡峭尖峰。如果没有飞行能力，就不可能到达这里。传说，曾经有一个凡人来到此处，请求与魔法守护巨龙相见。玛里苟斯欢迎这位大胆的学者进入他的领域。在随后的数月里，凡人和龙族之间建立了一种罕见的友谊，一座跨越西部裂谷的步行桥由此出现。直至今日，我们依然可以见到这座桥梁的废墟。

眼下这些日子里，极少有蓝龙还会容忍外来者闯入，毕竟魔枢中收藏着许多珍贵且危险的宝物。尽管绝大多数凡人一辈子都不可能看一眼这个神秘的巢穴，但如果你在北风苔原找到一个安全的地方，能够静下心来驻足远望，就会看到从魔枢核心放射出的璀璨光芒。在特别寒冷、天空特别清澈的夜晚，你甚至能看到它悬浮在空中的光环。现在凡人都不被允许进入它遍布冰霜的穹顶，但有传闻说，珍藏在那座拱顶之下的智慧浩如烟海，哪怕其中很小的一部分也能够让一名法师变成他所处时代最伟大的奥术巨匠。

艾萨拉

这片海岸永远都沉浸在浓浓的秋意中。那个曾经辉煌灿烂的伟大文明至今还在这里留有清晰的回声。坐在大地分裂这场浩劫所造就的边缘地带，你还能看见代表着贪婪欲望的浮华纪念碑将阴影投在曾经无比高傲的雕像上，只是这一切都在随着漫长的时间而渐渐凋零。在古老的遗迹中漫步，埃达拉斯上层精灵的美丽与庄严甚至超越了漫长的岁月，只要你足够细心，依然可以在倾倒的石柱和尖塔碎片下面找到古老的符文和碑刻。

这些奥术奇迹不仅吸引了凡人法师，同样也引起了蓝龙的注意，毕竟蓝龙一族永恒的责任就是看守这些承载异常力量的容器。

艾萨拉的门纳尔湖附近曾经是蓝龙幼雏嬉戏玩耍的地方。不过，在艾索雷葛斯离开之后，他们都迁移去了寒冷的冬泉谷。

碧蓝林海

在碧蓝林海地势最低的区域，时间仿佛已经凝固了。在这里，古老的红杉树在地底雾气和冰寒融雪的轻抚中，沿着亘古不变的山麓一直延伸到开阔的大海。地势更高处，秋季苔原迅速让位于积雪山峰，尽管高山上恶劣的气候本身就意味着危险，但多种多样的生命还是出人意料地在海拔高度和环境温度不断变化的高山上茁壮成长。各种古老族群——海象人、豺狼人和熊怪在玛里苟斯和他的主要伴侣辛达苟萨很久以前开辟的这个地方建立起自己的家园。

深入这片蓝龙祖先之地的核心，你会遇到一座寒冰高塔——瓦克索斯。第一眼看上去，它似乎没有什么出奇之处，但正是这座建筑暗藏的防御能力确保了巨龙群岛在鳞裔战争之后的平安无虞。如果有人还是质疑它的破坏能力，想要见到更加切实的证据，那么只需看看环绕在塔基周围的巨大冰锥就知道了。

对回归巨龙群岛的各龙族而言，远古时代的龙群争斗并不是他们要面对的唯一风险，旧日和今时的敌人全都蠢蠢欲动。其中，最值得担忧的是蕨皮萨满，他们充满腐化力量的禁忌魔法对整个岛屿都构成了威胁。

与这片土地的混乱景象实现微妙平衡的，是充满智慧与秩序的碧蓝档案馆——一座辉煌灿烂的奥法图书馆，由辛达苟萨设计。直到今天，蓝色守护巨龙的这位主要伴侣依然在以幻影的形式守护着这里。辛达苟萨担心自己无法从上古之战中平安归来，便将自己的幻影留在这里，等待玛里苟斯。事实证明，她的担心并非多余，她对某种危险的怀疑更是有着充分的依据。在万年之后听到她的预言和对未来的忧虑，只让人觉得奈萨里奥的背叛实在是一场悲剧。

绿龙一族

早在泰坦到来之前，生命元素就已经出现在艾泽拉斯，但直到守护者弗蕾亚创造了索拉查盆地、安戈洛环形山和锦绣谷，我们现在所知道的大自然才真正开始繁荣昌盛。我们相信，正是这三处生命的摇篮凝聚起永恒之井的能量。在翡翠梦境中构想出的各种动物和植物，也因为它们的孕育才有了现实的生命。

翡翠梦境是一个不断变化的精神能量位面，与这个世界还未曾被改变的过往岁月有着内在的联系。这里到处都是艾泽拉斯还处在完全自然状态时的景象。那时，凡世种族还没有统治这个世界，我们所熟悉的这个时代也远未开始。

作为翡翠梦境的守护者，除非有迫切需要，绿龙一族很少会出现在艾泽拉斯现实的世界中。至于与现实世界的联系，他们主要依赖德鲁伊作为他们的信使，因此那些德鲁伊都能不受阻碍地进出翡翠梦境。

据说，作为大自然的守护巨龙，伊瑟拉与弗蕾亚生命摇篮中走出的原始生命建立了深厚的联系。那些伟大的生命被我们称为“荒野诸神”，

他们代表着丰饶、自由的大自然。广袤无际的艾泽拉斯林海是他们的乐土，他们曾经在这里长久地陪伴创造了他们的泰坦守护者。大地裂变时期，他们响应绿色守护巨龙伊瑟拉的号召，和巨龙们一同抵抗火焰之王拉格纳罗斯的元素大军。

尽管绿龙军团一直在坚定地守卫着翡翠梦境，但一种险恶的腐败力量还是慢慢潜入了他们的神圣领域。为了阻止被称为“萨隆邪铁”的矿物不断散播虚空污染，大德鲁伊范达尔·鹿盔将几根世界树的枝杈种植在艾泽拉斯各地。这些树枝长成了茂盛的巨树，而位于灰熊丘陵的世界树安达希尔的根脉一直探入大地深处，接触到了古神的远古牢狱。德鲁伊们害怕安达希尔因此遭受腐化，只能将这棵世界树摧毁，但他们的行动还是太晚了。古神尤格－萨隆的污染已经渗透进翡翠梦境，腐败的力量释放出无数噩梦，让毫无防备的睡梦者们深受其害，整个翡翠梦境也慢慢陷入腐朽。

伊瑟拉

绿色守护巨龙＊沉睡者＊自然守护巨龙
苏醒者＊翡翠女王

伊瑟拉被称为沉睡者，是因为她展现在世人面前的始终是一种恍惚的梦中状态。据说，历史上只有为数不多的几位生灵见到过伊瑟拉睁开双眼，而这总是意味着有可怕的事情将要发生。伊瑟拉身处翡翠梦境内部，却能够同时观察到艾泽拉斯灵魂位面和物质位面永不停息的万物运转。

绿龙一族受到守护者弗蕾亚的任命，负责维持大自然的平衡以及现实自然与翡翠梦境的连接，确保生命的循环在艾泽拉斯不受阻碍地持续下去，这是他们的神圣责任。为了履行这一艰巨的任务，自然守护巨龙与精灵德鲁伊们建立起联盟。在上古之战中，她亲眼见证了这些精灵保卫艾泽拉斯的英勇行为，相信他们会成为自己可靠的助力。德鲁伊们接受了伊瑟拉的祝福，他们不必再经过专注的冥想，就能够直接进入翡翠梦境。因此，我们认为伊瑟拉与月之女神的紧密联系也是通过她和精灵的关系而建立的。精灵们长久以来一直崇拜着艾露恩，将她视为生命的神祇。

就我们所知，伊瑟拉很少离开翡翠梦境，但如果她的红龙长姊向她发出召唤，她总是会予以回应。她们曾经多次并肩保卫这个世界，对抗燃烧军团，与虚空作战，甚至消除来自五大龙族内部的破坏力量。在蔑冬之战期间，泰坦守护者洛肯铸造的维库武士大军在北方肆虐。据传说，伊瑟拉与其他守护巨龙一同制止了维库人的杀戮。翡翠女王让这些凶残的战士进入无梦的深沉睡眠，将他们封印了数千年。

在格瑞姆巴托之战中，伊瑟拉还帮助阿莱克丝塔萨逃出龙喉兽人的囚禁。随后，她们又与其他守护巨龙合力对抗死亡之翼奈萨里奥。在恶魔之魂被毁掉之后，伊瑟拉失去了自己长期拥有的泰坦力量。突然间，她感应到一股险恶又隐秘的黑暗力量已经潜入翡翠梦境深处，这是一种被称为“翡翠梦魇”的腐化力量。进入翡翠梦境之后，这股力量立刻就俘获了第一批受害者。

伊瑟拉睁开眼睛总是预示着会有可怕的事情发生，比如上古之战、第二次兽人战争，以及对抗死亡之翼奈萨里奥的战争。

卡利姆多和东部王国很快就传来报告——人们见到被扭曲的绿龙从连接翡翠梦境与现实世界的传送门中出来。那些传送门位于范达尔·鹿盔种下的每一棵世界树上。而最令人震惊的是，这四头绿龙都是伊瑟拉最信任的远古巨龙，他们变成了梦魇之龙。凡是有他们出现的地方，当地居民就会陷入极度的恐惧之中。绿龙们最终决定，消除这种腐化的唯一办法就是杀死这些梦魇之龙，希望他们得到净化的灵魂能够返回翡翠梦境。但随着时间的推移，又有更多绿龙被扭曲、被杀死，而陷入疯狂、变成虚空奴仆的不仅有龙，一切与翡翠梦境本身有联系的生灵都面临着这样的危险。

绿色守护巨龙伊瑟拉在许多年里都抵抗住了梦魇的侵害，但是，由于一名萨特的背叛，伊瑟拉最终也屈服在翡翠梦魇的力量之下，这名萨特就是梦魇之王萨维斯。只有死亡才能让伊瑟拉重获自由，而这个令人心碎的任务落在翡翠女王最亲密的盟友——泰兰德·语风的肩头。伊瑟拉在瓦尔莎拉的月神殿殒命之后，泰兰德宣称，伊瑟拉的灵魂已经得到月神的净化，进入暗影界的炽蓝仙野。在那里，自然守护巨龙依旧在向保卫艾泽拉斯的勇士们提供帮助，直到大德鲁伊玛法里奥·怒风接替了她在寒冬女王国度中的位置，伊瑟拉才得以返回艾泽拉斯。

伊兰尼库斯

伊瑟拉的主要伴侣＊翡翠梦境守卫者＊梦境之暴君＊被救赎者

传说，当恐惧和饥荒席卷整个衰落的巨魔帝国时，古老的古拉巴什帝国在绝望中开始崇拜一个残酷的神灵，那就是夺灵者哈卡。他允诺拯救巨魔们，但巨魔们必须付出可怕的代价。为了满足夺灵者的欲望，拯救自己的子民，巨魔们被迫献出自己部族的鲜血。一开始，他们还能用俘虏和敌人来赢得这位神灵的眷顾，但很快哈卡要求的贡品越来越多。古拉巴什的巨魔们别无选择，只能驱逐这位神灵和他狂热的支持者——阿塔莱。

从家乡被流放，逃进荆棘谷的原始丛林，阿塔莱祭司们一直向北行进，在悲伤沼泽中找到安身之所，重新开始他们的唤灵仪式，将哈卡引入物质位面。伊瑟拉察觉到这位神灵所掌握的强大力量——据说，他的力量甚至能够和荒野诸神比肩，这让伊瑟拉感到担心。在那座破碎的神庙中，狂热的巨魔们正在举行他们的血祭仪式。尽管那

要深入研究古拉巴什及其神灵、血祭，推荐阅读《古拉巴什传奇》（Legends of the Gurubashi）卷一、卷二和卷四。请注意，其中卷二所包含的食谱只用于研究目的。

些建筑大部分淹没在死水之中，但其内部依然有足够的空间让阿塔莱完成他们的鲜血秘仪。

伊瑟拉觉得这些狂热的巨魔们不会轻易被阻止。于是，她派遣一些绿龙去看守那个地方。作为翡翠女王伊瑟拉的主要伴侣和流沙节杖碎片的守卫，伊兰尼库斯被认为是绿龙军团中仅次于守护巨龙的强大战士。于是，这项重要的任务被交给了他和他的朋友伊萨里奥斯，以及另外四头年轻绿龙：德姆塞卡尔、德拉维沃尔、哈扎斯和摩弗拉斯。

尽管伊兰尼库斯拥有非凡的力量和坚定的意志，但他和他的伙伴们依然无法抵抗缓慢渗入翡翠梦境每一个角落的腐化力量。一开始，他们成功地完成了任务，阻止了阿塔莱的种种恶行。但翡翠梦魇很快便开始侵蚀他们的意志，让这些绿龙最终反而成为那些巨魔敌人的俘虏。

直到多年以后，当需要重铸流沙节杖之时，大德鲁伊玛法里奥·怒风和高阶祭司泰兰德·语风前去寻找伊兰尼库斯，才发现了这一队绿龙令人哀叹的命运真相。尽管他们将伊兰尼库斯从腐化力量的绝对控制中拯救了出来，但那头绿龙还是会不断听到翡翠梦魇的召唤，而且他知道，翡翠梦境中的伊瑟拉也落入了同样的陷阱。伊兰尼库斯开始全力以赴解救绿色守护巨龙。他和他的精灵盟友们因此遭到腐化绿龙的攻击。在这场战斗中，伊兰尼库斯英勇地牺牲自我，才让伊瑟拉得以摆脱厄运的控制。

直至今日，伊兰尼库斯制造的阴影依然留在沉没的阿塔哈卡神庙中。对那些还没有准备好应对一头强大绿龙的冒险者来说，退避三舍才是最好的选择。

麦琳瑟拉

绿龙军团领袖＊沉睡者＊梦境之龙

在大多数凡世种族的社会中，领导地位的传承或者取决于血统，或者由竞争者表现出的强悍能力来决定，当然，后者往往会导致毁灭性的战争。如果在巨龙族群中出现这样的动荡，就有可能对我们整个世界造成灾难。因此，新的守护巨龙会由整个龙族的全体成员在神圣的月之拥抱仪式上投票推选。随着死亡之翼奈萨里奥被击败，守护巨龙们失去了泰坦赐予的力量，这种领袖位置传承的仪式也不再像过去那样庄严、郑重，就比如伊瑟拉的女儿麦琳瑟拉接替其母亲成为绿龙领袖的过程。麦琳瑟拉是一位年长的绿龙，在漫长的历史中有过许多英雄事迹。毫无疑问，深陷危难的绿龙一族都将她视作全族的领袖，只是麦琳瑟拉依然在担心自己没有足够的能力照顾好她的同胞，会辜负她亲爱的母亲（尽管这种担忧毫无根据，但似乎所有伟大的领袖都有这一特点）。

如果细数麦琳瑟拉立下的功绩，势必要写下大篇幅文字，在此仅举一例以说明其非凡的勇气。为了结束流沙之战，麦琳瑟拉曾决定牺牲自己，好让青铜龙阿纳克洛斯和他的德鲁伊盟友有机会升起甲虫之墙，封印安其拉。她与红龙凯雷斯特拉兹和蓝龙阿瑞苟斯一起被困在亚基虫群的巢穴中，成为古神克苏恩的俘虏。在他们终于冲出那座恐怖的城市后，如果麦琳瑟拉立刻远远逃走，人们也只会同情她的遭遇。然而，她把自己承受的苦难转化为行动的热情，为勇士们打造武器，帮助他们打破封印高墙，最终结束了克苏恩的威胁。

多年以后，麦琳瑟拉又参与了对艾泽拉斯之心的赋能。艾泽拉斯之心实际上是一条能量管道，可以汲取起源熔炉和纳拉克煞引擎的能量，用以击败古神恩佐斯。在母亲离去之后，翡翠梦境再一次遭到梦魇的攻击。麦琳瑟拉在一队无名英雄的帮助下战胜了这股腐化力量，夺回了绿龙军团失去的部分力量。

麦琳瑟拉从翡翠梦境中收回这部分力量之后，将其铸造成一片龙鳞。随后，麦琳瑟拉与其他守护巨龙一同进入心之秘室，将各自龙鳞中的力量净化注入艾泽拉斯之心中，让守卫世界的勇士们能够进入古神恩佐斯盘踞的尼奥罗萨，终结那个黑暗帝国的邪恶野心，拯救我们的世界。

麦琳瑟拉在欧恩哈拉平原的半人马部族中被称为“梦之女”，是她在誓言石处续写了平原与林地之间的古老契约。

伊森德雷

翡翠梦境卫士＊被腐化者＊梦魇之龙

伊森德雷曾经是伊瑟拉最信任的副官，但她和其他许多绿龙一样，也堕入了残酷的翡翠梦魇。实际上，这种无形的腐化力量所俘获的第一批巨龙中就有她。那时，伊森德雷从瑟拉丹的世界树传送门中出来，给辛特兰居民带去了无尽的恐惧。

如果有人敢于面对伊森德雷的恐怖力量，并且还能够幸存，他就会告诉你，这头绿龙曾经拥有的疗愈力量已经被扭曲得面目全非。现在，她会用这种扭曲的力量召唤发狂的德鲁伊灵魂，那些德鲁伊的本体应该还被困在翡翠梦境的梦魇中，无法逃脱。他还会告诉你，伊森德雷会施放一种极为致命的闪电，许多技艺非凡的战士都死在她的闪电之下。不幸的是，许多人相信伊森德雷虽然对凡世种族造成了许多祸患，但她至今还在拼尽全力，想要挣脱翡翠梦魇的控制。许多梦魇之龙在战斗时都会发出宣告死亡与恐怖的战吼，而伊森德雷的吼声却更像是在警告她的对手：“生命的希冀将被切断！”

这种推断应该有其合理之处，因为伊森德雷最终摆脱了梦魇，重新获得自由，但代价是她失去了与翡翠梦境的联系。在杀死自己被腐化的伙伴泰拉尔之后，伊森德雷幻化成凡人，想要在精灵一族寻求一种简单的生活，但她后来不得不回到对抗翡翠梦魇的战斗中。在阻止瓦尔莎拉的世界树莎拉达希尔遭受腐化的行动中，伊森德雷被萨维斯俘虏。这名萨特迫使伊森德雷与其他梦魇之龙一起攻击艾泽拉斯的英雄们，伊森德雷死于那场战斗。不过，有确切的消息称，她的灵魂已经得到净化，并且回到了翡翠梦境。

伊森德雷被梦魇腐化的悲剧不是因为她的忠诚有任何瑕疵，而是由一名大德鲁伊的傲慢所导致的可怕后果。

艾莫莉丝

翡翠梦境卫士＊被腐化者＊梦魇之龙

据说，在梦魇之龙中，艾莫莉丝被翡翠梦魇腐化的程度可能是最严重的。当她从灰谷的阴影之树中突然出现时，有目击者说，她曾经翠绿闪耀的身体已经完全溃烂，散发着美丽和慈爱光芒的绿色巨龙变成了罹患恶疾的凶兽。

这头龙腐烂的外表就足以吓退许多勇悍的战士，但她的真正可怕之处在于那种带有腐化力量的攻击，大约只有纳克萨玛斯和冰冠堡垒的恐怖能够与之匹敌。与她战斗过的老兵曾经描述道，所有死于她的瘟疫感染和凶残利爪的人，都会变成有毒蘑菇的宿主，那些蘑菇释放出的毒素会进一步伤害死者的同伴。许多人都相信伊森德雷一直在与腐化作斗争，而艾莫莉丝的战吼则充满了狠毒和嘲讽意味，从这也可以看出她已经疯狂到了何种程度。

作为翡翠梦魇的爪牙，艾莫莉丝在许多年里都一心想要腐化更多的同族，其中就包括翡翠女王伊瑟拉的主要伴侣伊兰尼库斯——那时他刚刚被泰兰德·语风所拯救。在后来的一场战斗中，这位艾露恩的高阶祭司曾经试图净化艾莫莉丝，却发现这头龙已经在腐化污染中堕落得太深了。即使是死亡也无法给艾莫莉丝带来解脱，她遭受污染的生命精华依然被束缚在翡翠梦魇和梦魇的主人——梦魇之王萨维斯那里。后来，一队勇士在燃烧军团入侵艾泽拉斯之时试图净化瓦尔莎拉。艾莫莉丝在梦魇之王的强迫下与这队勇士作战。萨维斯被击败后，艾莫莉丝的灵魂才得以净化，最终重归神圣的翡翠梦境。

艾莫莉丝被腐化的症状与后来世界树莎拉达希尔的守护者尼珊德拉受到腐化的状况有诸多相似之处。

泰拉尔

翡翠梦境卫士＊被腐化者＊梦魇之龙

泰拉尔遭受了和其他梦魇之龙同样恶毒的腐化。只是这种腐化在他身上造成的伤害与他的同伴们的完全不同。潜入翡翠梦境的黑暗力量不仅摧毁了他的理智，还粉碎了他的身躯。泰拉尔无法再维持单一的物理形态，不过这让他能够将自己分裂成多个碎片，每一个碎片都具备一种极不稳定的新魔法形态，能够对敌人发动阴险的攻击。

从菲拉斯的梦境之树中出现后，泰拉尔很快就因他独特、狡诈的战术而令人闻风丧胆。那些见过泰拉尔的人经常会提起他对治疗者格外强烈的杀意。如果对他数量众多的阴影分身没有足够的警惕，治疗者往往会死于非命。在泰拉尔和凡

那些没有严格服从指挥官命令的人会发现，自己很容易就会被这头腐化绿龙的阴影分身击倒。

人的战斗结束以后，在许多年中他依然被迫侍奉翡翠梦魇。

结束泰拉尔生命的任务落在已挣脱翡翠梦魇控制的伊森德雷身上。当时，伊森德雷得知自己曾经的战友还在不断传播梦魇的腐化力量，便前往菲拉斯去阻止他。尽管非常担心自己会再一次堕入同样的腐化之中，那位远古绿龙和她的凡人战友们还是成功地关闭了梦境之树的传送门。

泰拉尔后来的命运和他的梦魇之龙伙伴们一样。在梦魇之王萨维斯的召唤下，他们加入了阻止翡翠梦境被净化的战争。直到那名萨特被打倒，泰拉尔的生命精华才得以脱离翡翠梦魇的掌控。现在，他也回归了翡翠梦境。

莱索恩

翡翠梦境卫士＊被腐化者＊梦魇之龙

也许艾莫莉丝的身体形态是四头梦魇之龙中最可怕的，但许多人认为，莱索恩的腐化程度要更为深重，因为他甚至能够使用虚空的力量。他来自暮色森林中的黎明森林，那里也有一个连接翡翠梦境的传送门。一来到物理位面，他就开始肆意施放这种禁忌能量。几乎没有人能够在面对这种原始力量时做好准备。一队又一队追寻荣耀的战士从暴风城出发，向他发起鲁莽的冲锋，随后又倒在了他致命的暗影弹雨中。经历过第二次兽人战争的一些老兵曾经面对过龙喉氏族和红龙狂暴的烈焰，但他们在看到这头不可思议的绿龙和他的暗影能量时，却不由自主地转身就逃。

部落和联盟的英雄们都在传莱索恩有着令人难以置信的能力。他能召唤诡异的阴影为他治疗每一处刀剑和能量爆炸造成的伤口。不同战队的指挥官根据各自的经验，对这头梦魇之龙的作战能力有着不同的评价，不过在和他的战斗中伤亡数字经常会高得吓人。这让许多人都认为莱索恩是伊瑟拉曾经的副官之中最强大的一个。

莱索恩的生命终结于他与伊兰尼库斯的搏杀。为了保护自己的伴侣、守护巨龙伊瑟拉，伊兰尼库斯不惜牺牲自己的生命。他知道，用一般手段不可能战胜这个充满虚空能量的对手，便将莱索恩拽到清醒世界和翡翠梦境之间不稳定的交界地带。在那里，他们的肉身全都被撕成碎片。

和其他梦魇之龙一样，莱索恩被污染的生命精华受到梦魇之王的召唤，与净化世界树莎拉达希尔的艾泽拉斯英雄们进行战斗。勇士们战胜了梦魇之龙，也将莱索恩从腐化中解救出来，让他能够回到再现辉煌的翡翠梦境。

当莱索恩的嘲笑回荡在被诅咒的夜色镇森林时，一队又一队战士从附近的暴风城冲出来，与他交战。可悲的是，他们的作战技能几乎都无法与他们冒失的勇气相匹配。

阿塔哈卡神庙

这座曾经庄严巍峨的神庙隐藏在黑色沼泽的苦咸死水中，现在只剩下一些散乱的废墟从污浊的泥沼中冒出来。满是苔藓的石雕台阶诉说着曾经强大的巨魔帝国的崩塌。这座神庙如此远离古拉巴什的核心地带，这让我们知道建造它的是一群流亡者。尽管它的地基已经被一位守护巨龙强大的力量所粉碎，但它的内部依然在与阿塔莱祭司一同扭曲。那些祭司正在用鲜血仪式将夺灵者引到我们的世界。

请一定小心：那些闯入哈卡祭坛的人所遭遇的风险绝不只是死亡。疯狂正在阴影密布的厅堂逡巡，企图诱捕那些无知的灵魂，而其肉体躯壳将成为鲜血神灵的祭品。无论龙、矮人还是兽人，只要死在这里，生命精华就会成为那条嗜血的风蛇回归的燃料。那条灵蛇回归时，就意味着艾泽拉斯全部生命的终结。

海加尔山

被祝福的海加尔山高高矗立在卡利姆多的北方旷野中，是精灵、龙和那片森林中所有其他生灵的圣地。它是守护者弗蕾亚最珍视的林苑。在这里，弗蕾亚与她所钟爱的荒野诸神一同巡行，并委任守护巨龙伊瑟拉和她的绿龙一族成为生命与自然永远的卫士。

然而，在世界树诺达希尔保护大地的树根下隐藏着一个秘密——一个无比巨大的能量源头，它曾经引起黑暗泰坦的注意，导致广阔的大陆裂为两半。做事毫无顾忌的暗夜精灵巫师伊利丹·怒风利用第一个永恒之井的残余创造了它，让这股深不可测的能量永远成为艾泽拉斯防御上的一个弱点。因为这一罪行，那名叛徒在这座高山的深穴牢狱中被折磨了一万年。

翡翠梦境

这个著名的地方，在不同族群中有不同的称谓，许多生灵都曾到过这里。翡翠梦境是绿龙一族、荒野诸神和艾泽拉斯德鲁伊的神圣领域。作为一个不断有能量变化的精神位面，在翡翠梦境中能瞥见艾泽拉斯还未被泰坦染指的时代，以及它有可能成为的葱翠世界。

一些在翡翠梦境中漫游的生灵早已将他们的躯体交给了地穴守护者，他们的灵魂可以在这个精神世界里生活数年、数百年，甚至数千年。生命在这个领域看似没有尽头，但也有必要的平衡会对这里加以限制。就像春夏总会让位于秋冬，翡翠梦境与炽蓝仙野相连，从而形成生存、死亡和重生的无尽循环。

欧恩哈拉平原

清风在草海上掀起一道道涟漪，低声诉说着一个名字：欧恩哈拉。这是一首歌曲，其中承载着这片荒野平原的古老传说。在这片广阔无垠的原野上，天与地在原始的自然景色中交会在一起。无数个季节轮转，各种力量不断对这里造成侵蚀，但一切变化在这个地方都显得那样自然又微小。

在正午灿烂的阳光下，河水溪流如同银亮的血管，在大地上编织出曲曲折折的水晶脉络。从翡翠花园中神圣的巨龙林地，到马鲁克半人马的广袤猎场，这里所有的草木植被都因丰沛流水的滋养而葱郁茂盛。这里的居民受到荒野神欧恩哈拉的守护和祝福。对这片土地的深爱和崇敬将他们团结在一起。

黑龙一族

守护者阿扎达斯选择了黑龙，赐予他们泰坦卡兹格罗斯的力量。于是，奈萨里奥的族裔与艾泽拉斯广袤、深厚的大地有了根深蒂固的联系。这让他们更加容易受到被囚禁在大地深处的众多阴险生物的影响。当然，无论何种生灵，只要经历过大地裂变，或者曾经浴血奋战以阻止暮光审判的到来，都不可能原谅那些无视他人生命和苦难的幕后黑手，但我们有必要仔细研究他们的堕落，审视这些教训：如果就连忠诚的守护巨龙都有可能被改变心志，在面对虚空的狡诈时，我们之中没有任何人会是真正安全的。

据说，奈萨里奥的意识被古神疯狂的呓语所扭曲，而其中直接诱使大地守护巨龙变成死亡之翼的正是尼奥罗萨之王恩佐斯。承受着整个艾泽拉斯重量的奈萨里奥最终向那名被囚禁的古神屈服，相信了他关于彻底解脱的允诺，将昔日的盟友当作了敌人。

海洋升腾，山脉崩塌，艾泽拉斯地表被重塑，这是古卡利姆多分裂以来从不曾出现过的景象。

然而，古神没有预料到的是，燃烧军团会找到艾泽拉斯，大举入侵这个世界。无论是古神自己，还是这个仍然处于沉睡之中、古神们一心想要腐化的世界之魂，都有可能被燃烧军团彻底毁灭。

实际上，许多学识渊博的学者都认为，死亡之翼对巨龙之魂的使用似乎完全背离了古神们自保的本意。当时目击者的记录也证实了大地守护巨龙的疯狂似乎极为彻底，导致他将那件强大的武器无差别地对准了恶魔和守卫世界的联军。尽管我们永远都无法知晓奈萨里奥进行那场屠杀的真正动机，但历史记录清晰明确：奈萨里奥的族群承受了他的行为所造成的后果——黑龙们遭到凶猛猎杀，几近灭绝。

尽管守护巨龙奈萨里奥的背叛造成了悲剧性后果，但死亡之翼的族群对他的忠诚从没有动摇过。他们放弃了直接冲突，转而采取渗透和密谋策略。像奥妮克希亚和奈法利安这样的黑龙狡诈地融入了人类王国之中。通过搅动新仇旧恨，黑龙军团成功地在各王国之间播撒下不信任的种子。正是因为他们的行动，暴风城未能得到洛丹伦的援助，被兽人攻陷；奥特兰克变成怪物盘踞的废墟；一位曾经受人爱戴的国王在返回家园时，只剩下一颗破碎的、充满仇恨的心。

尽管有过那么多黑暗的过往，新一代黑龙还是在努力摆脱昔日的阴影。

奈萨里奥

大地守护者＊黑色守护巨龙＊死亡之翼
叛徒＊黑色灾祸＊达维尔·普瑞斯托领主＊毁灭者
大地裂变＊Xaxas[1]＊Shuul'wah[2]＊死亡之主

在永恒之井背叛联军的那一刻，黑色守护巨龙奈萨里奥的生命历程仿佛被分割成两个截然不同的故事。在那个命运发生剧变的时刻之前，奈萨里奥一直是一位睿智且坚定的守护巨龙，在漫长的岁月中照料着广阔无垠的大地。然而，没有人意识到他的责任早已沉重到令他无法喘息，而且他认为，一直以来都只有他孤独地背负着这份重担。

没有人知道奈萨里奥是什么时候第一次听见古神低语的。现在我们认为，他在与化身巨龙莱萨杰丝进行那场激烈的战斗时就已经接受了古神的允诺。然而，没有人怀疑过他的秘辛，甚至连其他守护巨龙也是直到一切无法挽回的时候，才意识到悲剧在这么早的时候就已经开始酝酿。

根据联军的回忆，当大地守护者奈萨里奥拿出巨龙之魂的时候，所有成员都看到了希望，相信战局将会扭转，他们终于能够战胜恶魔军团。只有蓝色守护巨龙玛里苟斯的伴侣辛达苟萨似乎对奈萨里奥有所怀疑，只是她没能说出自己的担忧。于是，守护巨龙们都心甘情愿地将自己的一部分力量注入那件神器之中。巨龙之魂放射出恐怖的能量，将敌军阵列洞穿、撕碎。眼看着成群恶魔随着耀眼的光芒灰飞烟灭，联军所有的成员都欢欣鼓舞。令这些世界守卫者们想不到的是，被他们视作救星的宝物会成为他们的毁灭之源。然而，恐怖的事情就这样发生了。巨龙之魂的第二次发射让精灵和龙在瞬间消失。如果不是死亡之翼奈萨里奥的身躯同样遭到严重破坏，一定会有更多的生命在那一天被彻底抹杀。

巨龙之魂对奈萨里奥造成的烧灼创伤是永远无法愈合的。带着巨大的伤痛，奈萨里奥退回到他的至高岭巢穴中。在这里，他的地精工匠们为他打造了精金铠甲。供他驱使的卓格巴尔将这些甲片用栓钉直接固定在他的身体上，才稳定住他饱受折磨的躯体，使其没有发生进一步崩溃。在这段充满痛苦的恢复期，大德鲁伊玛法里奥·怒风利用翡翠梦境从死亡之翼那里偷走了那件被诅咒的武器，却不小心让这件武器落在了他的弟弟伊利丹的手里。而伊利丹已经投靠了黑暗泰坦萨格拉斯，正在帮助其实施将燃烧军团送到艾泽拉

守护巨龙拥有无比强大的力量，但他们还是应该好好学一学如何收藏重要的宝物。卡兹格罗斯之锤最终能够握在胡恩·高岭手中，这实在是一种幸运。

1 暗夜精灵的达纳苏斯语，代表混乱、狂暴、灾难之意，为元素之怒的具象化。——译注
2 沙斯亚尔古神语，意为“灭世者”。——译注

斯的计划。尽管有望夺回巨龙之魂，但死亡之翼最终还是不得不再次退回到自己的巢穴中。在那里，一场卓格巴尔起义正在等待着他。领导这场起义的是一名当地牛头人，名为胡恩·高岭。

胡恩使用卡兹格罗斯之锤，将奈萨里奥驱逐出他古老的巢穴。奈萨里奥逃到元素位面深岩之洲，在这里陷入长眠，直到黑暗传送门开启所产生的能量波动将他惊醒。尽管漫长的休眠帮助他恢复了体力，但据说死亡之翼奈萨里奥的神智已经陷入了更疯狂的怨毒之中。而让他恨之入骨的，莫过于红色守护巨龙阿莱克丝塔萨。不过，他知道，其他守护巨龙团结一致的力量是他所无法匹敌的，因此他没有急于发动直接攻击，而是决定先使用阴谋。他伪装成达维尔·普瑞斯托领主，将混乱的种子播撒到洛丹伦，又引诱龙喉氏族的祖鲁希德取得巨龙之魂，利用这件神器俘获了巨龙女王。

除了制造混乱以实现复仇的阴谋，黑色守护巨龙奈萨里奥还想方设法恢复他濒临覆灭的军团。随着德拉诺的崩裂，他似乎永远失去了自己的龙蛋。在那以后，我们知道，死亡之翼与部落的一些派系，包括暮光之锤和黑石山兽人建立了联盟。于是，在这些小集团的秘密基地中出现了暮光龙和多彩龙。培育出他们的是死亡之翼的主要伴侣希奈丝特拉和他的儿子奈法利安。与此同时，为了让暮光审判降临，终结艾泽拉斯的所有生命，死亡之翼和他的亲信还在做着其他准备。在这一时期，死亡之翼离开格瑞姆巴托，退回到外人无法涉足的深岩之洲最深处，不惜再次承受剧烈的痛楚，用新的源质甲片包裹他愈发不稳定的身躯。就是在这样的时候，黑色守护巨龙依然在努力恢复黑龙族群，并继续为实现恩佐斯的意志而效力。

于是，大灾变爆发了。

死亡之翼冲出元素位面，撞碎世界之柱，粉碎山脉，掀起滔天海啸，以凶悍无匹的力量制造出无数自然灾难，让死亡遍布大地。成千上万的生命消失在他的第一波攻击中，而死亡之主的恐怖战役还在继续。连续数月，艾泽拉斯各处的城镇、都市都被他不加区别地焚毁。在这个恐怖和绝望的时期，许多人开始信奉暮光之锤的预言和教义。

就在艾泽拉斯最黑暗的时刻，部落和联盟的英雄们与守护巨龙及他们的族裔联合起来，组成了龙眠联军。通过密切的合作，英雄们从过往的时间路径中找到了巨龙之魂，将守护巨龙的力量和兽人萨满萨尔掌握的元素能量一同注入其中。尽管死亡之翼、暮光之锤和恩佐斯的恩拉其发动的攻势异常凶猛，但联军还是战胜了他们，成功地用巨龙之魂击中了死亡之翼奈萨里奥。

当时，死亡之翼体内充满了无法想象的虚空能量，这股能量形成的汹涌狂潮进一步扭曲他的身体，让他变成一头极不稳定的畸形怪兽。在萨尔导引守护巨龙们最后的力量透过巨龙之魂发出致命一击后，大地守护者奈萨里奥的传奇最终结束在了大旋涡。

希奈丝特拉

死亡之翼的主要伴侣 * 希奈丝特拉女伯爵 * 辛瑟莉亚 * 暮光龙之母

永恒之井的屠杀发生之后，死亡之翼奈萨里奥成功地逃往至高岭，进入深岩之洲，因此得以避开他的背叛行为所产生的严重后果。然而，被他丢下的黑龙军团就没有那么幸运了。由于守护巨龙犯下的罪行，他的族裔几乎被猎杀尽绝。一段时间里，守护者阿扎达斯选中的龙族似乎要永远从艾泽拉斯消失了。死亡之翼意识到，自己族群的未来取决于能否让成员数量得以扩充，于是他召集自己幸存下来的配偶。但这时与死亡之翼交配，就不得不承受他被腐化的身躯中永远在燃烧的烈焰。在死亡之翼所有的配偶中，只有希奈丝特拉在他们残忍的交配中活了下来，但她的身上也留下了永久的创伤。希奈丝特拉终究不打算像死亡之翼的其他配偶那样死掉，于是，她开始着手培养另一种龙族，也就是暮光龙军团。

然而，奈法利安没能稳定住多彩龙的状态，甚至还丢掉了自己的性命。在儿子死后，希奈丝特拉前往外域，调查关于灵翼龙的传闻。在遭到邪能污染的月影谷峭壁之间，她与龙喉氏族的莫格霍尔大王建立起联盟关系。莫格霍尔承诺会为她取得灵翼龙蛋，供她在艾泽拉斯进行试验。岑达林・风行者又将灵翼龙泽拉库交给她，那头灵翼龙是在艾泽拉斯四处游荡时被抓住的。

希奈丝特拉使用一件名为巴拉荀斯之殒的神

器，剥离出泽拉库的生命精华，利用这股生命精华创造出暮光龙卓贡纳克斯。然而，这次成功没能持续很久，她的行动引起了红龙考雷斯特拉兹和蓝龙卡雷苟斯的注意。当他们合力要阻止希奈丝特拉的扭曲试验时，一场爆炸发生了，吞没了这头黑龙和卓贡纳克斯。当时人们认为，希奈丝特拉的生命连同她创造的那些被诅咒的龙种全都毁于那场爆炸。不过，死亡之翼奈萨里奥后来在他伴侣的实验室里发现了幸存者，并继续进行伴侣的扭曲试验。

多年以后，暮光之锤将希奈丝特拉复活为亡灵，让她继续负责创造暮光龙的工作。不过，有报告表明，希奈丝特拉又被一支突破暮光堡垒的勇者队伍所摧毁。但希奈丝特拉的新后代——泽瑞西亚宣称，黑色守护巨龙奈萨里奥的这位伴侣直到泽瑞西亚去世前都一直在指导她。

带着死亡之翼和黑龙一族的苦痛与怨恨，希奈丝特拉决意要创造出属于自己的后裔龙族。

奈法利安

死亡之翼之子 * 维克多·奈法里奥斯领主 * 多彩龙之父

关于奈法利安，我们知道的许多信息都非常不可靠，毕竟提供这些信息的人往往都将他当作黑石领主维克多·奈法里奥斯。奈法利安一直在与自己的父亲死亡之翼奈萨里奥和妹妹奥妮克希亚合作。奈法利安尤其喜欢干预人类事务，他的目标是分裂黑暗之门开启之后成立的洛丹伦联盟。

成功实现这一目标之后，奈法利安又在黑暗部落中发现了一个新机会。那是一群兽人，他们在第二次兽人战争之后占据了黑石山的上层部分。故乡德拉诺已经被摧毁，这些兽人被困在艾泽拉斯，只能竭尽全力开启新的生活。率领他们的兽人雷德·黑手见证过龙喉氏族控制的红龙的强大力量，便欣然与奈法利安结盟。

为了在战斗中获得黑龙军团的帮助，这些兽人自愿献出这座山中的高塔，作为奈法利安的试验场地，并且为进行试验的奈法利安提供护卫。为了确保兽人和自己的多彩龙后裔能够存活下去，奈法利安不惜与一名强大的火焰之王为敌。

为了占据整座黑石山，奈法利安向火焰之王拉格纳罗斯和黑铁矮人宣战——这些矮人是在三锤战争之后被火焰元素领主俘获的。黑铁矮人女王茉艾拉·索瑞森很快抓住了这次机会。为了解放自己的子民，她散播出大量谣言，宣称拉格纳罗斯的熔火之心堡垒中藏有巨量财富和强大的宝物。这个谣言果然吸引来许多强大的战士，最终那些火焰生灵吞下了失败的苦果，被驱逐回元素位面——火焰之地。茉艾拉相信，同样的计策也能用来对付剩下的敌人。于是，她向兽人大酋长萨尔传出消息。得知雷德·黑手的团伙和黑龙军团勾结在一起，萨尔果然感到震怒。于是，他召集部落中最强大的武士，决意要拿下死亡之翼儿子奈法利安的头颅。

奈法利安的故事本应该结束在奥格瑞玛城中一根染血的长矛上。不过，他身体其余的部分后来被暮光之锤复活，于是他又开始进行创造多彩龙的试验。这一次，他的试验再次失败了。第二次，也是最后一次复活奈法利安的尝试被黑龙拉希奥阻止。在尼奥罗萨战争爆发之前，拉希奥彻底毁掉了他这个同族的躯体。

奈法利安最大的错误就是低估了凡人，比如茉艾拉·索瑞森的狡诈和力量。

奥妮克希亚

黑龙军团女王＊女伯爵卡特拉娜·普瑞斯托

黑龙军团的许多阴谋都导致了大规模的灾难，而奥妮克希亚在此之前运用更加微妙的手腕，同样造成了严重的破坏。她化身为人类女伯爵卡特拉娜·普瑞斯托，在组成洛丹伦联盟的七王国之中游走，传播谣言，制造动荡，不断推进黑龙一族的毁灭计划。一方面，她大肆宣扬囚禁兽人的营地过度消耗税金，以此挑拨公众的怒火；另一方面，她对第二次兽人大战之后猎杀残存部落成员的民兵加以误导。通过这两方面的努力，她最终瓦解了库尔提拉斯、吉尔尼斯和洛丹伦的结盟。然后，她前往南方，渗透进刚刚得到解放的暴风城。

正在重建中的暴风城局势相当紧张，对狡诈的奥妮克希亚而言，这正是她施展手段的绝佳机会。于是，她毫不费力地在石匠行会和暴风城贵族之间挑起一场暴动。贵族们听信了她的谗言，扣留石匠们的薪水，理由是石匠们的工作存在太多缺陷。于是，石匠们冲上街道，引发了大规模斗殴，死亡人数迅速增加。暴风城年轻的王后蒂芬·乌瑞恩试图调解这场纷争，却不幸殒命于暴乱之中。妻子的死让瓦里安国王怒不可遏，他发誓要让那些石匠血债血偿。暴动的石匠们逃到了附近的西部荒野，逐渐演变成迪菲亚兄弟会，一个由海盗、窃贼和刺客组成的团伙。随后的许多年中，他们在暴风城王国的各省份肆虐横行，造成了严重的破坏。迪菲亚匪徒后来还帮助奥妮克希亚俘虏了前往塞拉摩途中的瓦里安。

黑龙女王奥妮克希亚的计划很简单，她要借助一种黑暗仪式，将瓦里安的意志、良心和责任感剥离出来，使之变成一个独立的存在，然后将这一存在杀死，这样剩下的瓦里安就会被她轻易扭曲，完全服从她的意志，成为她的傀儡。然而，一群纳迦出人意料地扰乱了她的计划，让本已被剥离、即将被毁灭的半个瓦里安得以逃脱。奥妮克希亚将沦为傀儡的半个瓦里安带回暴风城，打算利用他来实现自己的阴谋；而意志坚定的那半个瓦里安则迷失在陌生的土地上，完全失去了关于自己的记忆。不过随着时间的推移，更名为洛戈什的那半个瓦里安终于想起了自己的身份。于是他返回暴风城，向奥妮克希亚发起挑战。此时的奥妮克希亚正依靠半个软弱的瓦里安统治暴风城王国。她不愿投降，便绑架了瓦里安的儿子安度因，用他来掩护自己逃过大海，回到位于尘泥沼泽的老巢。

两个半个的瓦里安经过一番远征，来到黑龙女王面前。奥妮克希亚的法术出现意外，让瓦里安恢复成完整的一体。许多勇士使用钢刃或魔法参与了这场可怕的战役。最后，奥妮克希亚的头颅终于成为瓦里安的战利品，被悬挂在暴风城的大门之上。

奥妮克希亚的结局几乎和她的兄长奈法利安完全一样。他们两个都在黑石山的厅堂中被短暂复活，随后就被部落和联盟的勇士们击败。为了确保这对兄妹腐朽的身躯不会再一次被唤醒，拉希奥彻底毁灭了他们的遗骸。

许多勇士追随暴风城国王前去追杀奥妮克希亚。他们没有死在黑龙女王的手中，而是被守卫女王巢穴的数十头幼龙杀死了。

萨贝里安

萨博迈恩男爵＊死亡之翼的首席副官

很久以来，萨贝里安一直被认为是死亡之翼奈萨里奥的主要副手，黑龙一族能够在外域得以延续，正是出于他的努力。在与耐奥祖和留在德拉诺的残余部落势力结盟之后，萨贝里安亲自执行父亲的计划，将一批黑龙蛋藏在我们今天所知的刀锋山。他相信，在黑暗传送门的另一边，这些黑龙后代能够安全地避开其他龙族的怒火。但无论是萨贝里安还是死亡之翼都没有预料到，他们会在这里遭遇一个恐怖的且领土意识极强的巨人种族。这些被称为“戈隆”的高大武士不希望在他们的地盘上出现任何可以挑战他们的力量。

于是，许多年轻的和成年的黑龙在与戈隆的战斗中失去了生命。那些巨人非常喜欢将这些龙族对手残破的尸体插在山顶尖峰上，以警告其他入侵者。他们的头领格鲁尔对黑龙军团而言更是一个致命的对手。在战死之前，他甚至赢得了“屠龙者”的称号，这当然让萨贝里安格外愤怒。

尽管希奈丝特拉和奈法利安不惜采取任何手段来重建他们将近灭绝的族群，萨贝里安却只是坚定地守卫着黑龙一族的龙蛋。正是因为他的努力，黑龙的血脉才得以延续，黑龙一族最终才得以返回巨龙群岛。

萨贝里安一直照料着外域的黑龙后代，确保了黑龙一族的存续。

拉希奥

黑王子

据我们所知，拉希奥是唯一完全抵抗住腐化力量的黑龙，他在击败恩佐斯的战斗中发挥了作用。在消灭古神之后，他正致力于重建支离破碎的黑龙一族。

这位黑王子非凡的生命历程开始于荒芜之地的干旱旷野。在那里，勇敢的红龙瑞亚丝塔萨相信自己发现了一种方法，能够净化古神对黑龙的污染。于是，她捕捉到一头名为尼希昂卓拉的黑龙，并强迫尼希昂卓拉产下一颗龙蛋，好验证她的理论。令人难以置信的是，瑞亚丝塔萨的试验真的净化了那颗最终孵育出拉希奥的龙蛋。不过，这头红龙的大胆行为引来了黑龙的注意。她知道，自己的发现极为重要，不能落入死亡之翼奈萨里奥的掌中。于是，瑞亚丝塔萨通过牺牲自己的生命和龙蛋，终于引开了黑色守护巨龙奈萨里奥的目光。

根据红龙军团的报告，孕育着拉希奥的龙蛋被找到，随后被安置在朱红庇护所中，由科拉丝塔萨孵育。但它后来又被盗走，被带到拉文霍德庄园，黑王子就是在那里出生的。脱离龙蛋的时候，拉希奥已经拥有了非凡的智力和丰富的知识。利用红龙军团派来的一个无名潜行者，他开始除去一个又一个遭受古神腐化的黑龙。

根据拉希奥的说法，他在清理堕落同族的时候，看到了一个关于艾泽拉斯未来的可怕景象，这促使他前往潘达利亚。在那里，他找到一队能够逆转那场危机的勇士。在探索那个曾经被迷雾笼罩的国度时，他见证了许多奇迹，发掘出一些关于制造强大宝物的秘密。在这一时期，他的许多行为都显得神秘且可疑，但他在战胜雷神和加尔鲁什·地狱咆哮的战斗中都贡献了自己的力量，这打消了人们之前对他的许多怀疑。

然而，没过多久，部落和联盟再一次对他产生了怀疑。如果是你，大概也难免心生疑窦——人们发现拉希奥竟然在与永恒龙合作，帮助加尔鲁什·地狱咆哮逃进另一个时间线中的德拉诺。拉希奥当然知道自己的行为很可能导致整个世界与他为敌，但他相信，要让艾泽拉斯为即将再次到来的燃烧军团做好准备，这是唯一的办法。他的所作所为是否正确，直到现在依然是一个争论不休的话题，但有人坚持认为，我们之所以还能坐在这里讨论这种话题，的确需要承他的情。

毋庸置疑的是，在艾萨拉女王失败之后，恩佐斯逃出了自己的远古牢狱。此时，黑王子为我们做出了巨大的贡献。如果不是他的睿智建议，

我们不可能抵御住那位古神的幻象，更不可能杀进黑暗帝国的尼奥罗萨。利用从奥妮克希亚和奈法利安尸体上取得的腐化黑龙鳞，拉希奥制作了一件斗篷，让他的勇士能够与强大的恩佐斯正面作战，不必担心会因虚空力量的污染而发狂。据说，在最后的战斗中，他还冒险使用了一件强大的神器——黑暗帝国之刃。这件神器削弱了古神的力量，打开了一条连接古神核心的通道。尽管很多人对黑王子拉希奥的真正目的仍然心存疑虑，但不可否认的是，拉希奥用种种出人意料的手段不止一次帮助艾泽拉斯渡过了难关。

尽管拉希奥有许多英雄事迹，但一些经历过大地裂变的人还是很难信任死亡之翼奈萨里奥的后代。

艾比西安

黑龙一族领袖＊灵魂行者黑角

艾比西安的生命道路和拉希奥的有些相似。我们认为，他避免了堕入黑龙血统中的腐化污染，这主要归功于孕育他的龙蛋被传奇的牛头人英雄胡恩·高岭所净化。从那时起，艾比西安就决定要一直守护生活在至高岭的胡恩的后代，以此来表达他无尽的感激之情。与牛头人氏族一同生活的时候，他就会变身为灵魂行者黑角。

尽管这头古老的黑龙在千年之中都不曾受到古神的操纵，但直到名为乌尔吉奈斯的克拉西斯攻击雷霆崖，艾比西安才对自己抵抗虚空的独特力量有了一些真正的了解。那时，作为灵魂行者的他在面对虚空的力量时，完全暴露出令人惊讶的易感性。一旦离开自己的家园，他就差一点屈服于虚空的威力之下。这让艾比西安认识到，如果没有至高岭结界的保护，他同样会遭受古神的污染。

尽管发现了自己的弱点，但艾比西安还是义无反顾地前往心之密室，与蓝龙卡雷苟斯、红龙阿莱克丝塔萨、绿龙麦琳瑟拉和青铜龙克罗诺姆一同将自己的生命精华注入艾泽拉斯之心，让勇士们能够利用这件神器进入尼奥罗萨，击败古神恩佐斯。

死亡之翼奈萨里奥覆灭以后，拉希奥、萨贝里安和艾比西安都有充分的理由继承黑龙一族的领袖位置。经过黑龙一族的充分讨论，艾比西安坚定的心智和完美无瑕的自然本性被认为是大地守护者最需要的精神特质，对黑龙一族的未来也将是最好的选择。

实在找不出还有哪两头龙性情能够像艾比西安和拉希奥那样天差地远，但他们都将彼此视作兄弟。

萨塔里奥

黑岩守护者

黑岩守护者萨塔里奥接受死亡之翼奈萨里奥的命令，负责保护一批暮光龙蛋，这让他不得不与一群雇佣兵作战。那些战士的目标就是闯进黑曜石圣殿，摧毁被虚空扭曲的巨龙后代。尽管我们尚不清楚死亡之翼为什么决定冒着被发现的危险将那些龙蛋带往龙眠神殿，不过据说，萨塔里奥和他的盟友维斯匹隆、沙德隆和塔尼布隆一直在坚守他们的责任，直至最后一息。

尽管许多人最初都认为黑曜石圣殿中那批龙蛋被摧毁是对死亡之翼计划的重大挫败，但也有一些人越来越坚定地相信，这也许是死亡之翼早已计划好的一项损失，目的是隐藏他依然保有的龙蛋。

与诺斯特罗《屠龙技术纲要》（Compendium of Dragon Slaying）中的建议刚好相反，在面对萨塔里奥这样强大的巨龙时，躲在墙后并不是一个安全的策略。

尘泥沼泽

无论是谁，如果愿意逃进这片浓密、潮湿的灌木林，肯定都不再希望被他人发现，更不愿意被打扰。穿过一片凝聚不散的浓雾，就能看见一些破败的茅屋，它们在讲述着第二次大战中许多逃亡难民的故事。其他更适宜居住的地方已经没有了他们的房舍和亲人。在这里，压抑的孤独感弥漫在挡住所有阳光的茂密叶片下。虽然这里有道路连接着靠近大海的干燥土地，但自从塞拉摩被摧毁之后，除了偶尔一见的渔民，很少有人还会冒险踏上这些小路。

早些年里，关于在南部区域曾发现黑色雏龙的零星报告让贪图暴风城赏金的猎人们纷至沓来。不过，能够成功找到奥妮克希亚遗留后代的人实在是微乎其微。

黑石山

现在的黑石山周围曾经是富饶肥沃的谷地，那个丰足的乌托邦滋养过一个流亡的王国。然而，即使高山上和高山下矮人的财富都在增长，他们建造的厅堂和他们失去的祖先家园相比，依然是如此微不足道。很快，战争成为他们抚慰心中伤痕、挽回自尊的唯一灵药，但这实际上是一剂毒药，最终将毁灭他们的部族。对索瑞森领主而言，无可挽回的损失如同骨鲠在喉，让他心痛难耐。终于，他召唤了火焰位面的生灵，要他们去摧毁他曾经的同胞。然而，他只能惊恐地见证元素撕碎大地，岩浆洪流淹没葱绿沃土。随着繁盛的牧场化为灰烬，矮人宏伟壮丽的家园也只剩下死亡和毁灭的废墟，正如同复仇之心能够生长出的只有一片荒芜。

深岩之洲

经历过无数岁月洗礼的岩石包裹着一座巨大的洞窟，洞顶消失在深渊般的无尽黑影中。这里没有风，不见雨落，更不曾感受过一缕阳光。不过，这里并非只有黑暗。数不清的矿物晶石在岩石表面辉映出大片光泽，如同色彩绚烂的糖块。

这里是大地元素位面的君主——石母塞拉赞恩的王国，也是饱受伤痛之苦的守护巨龙在古神疯狂的呓语中寻求解脱的最后避难所。

尽管古神的长久呢喃已陷入沉寂，但奈萨里奥遭受的伤痛永远在这里留下了痕迹。

龙裔

为了纠正凡人长期以来对龙族本质持有的许多奇怪误解，并避免这些误解造成伤害，我获得了一个难以置信的机会，能够亲眼去看一看龙族社会的内部结构和运作方式。出于对龙族安全的考虑，我看到的许多秘密都不会写在这部书中。不过，我依然对卡雷苟斯、克罗诺姆和麦琳瑟拉报以无尽的感激之情。他们和善又耐心地解答了我数不清的问题。

龙的生命周期

和艾泽拉斯的大多数爬行动物一样，龙也是卵生的。他们会产下龙蛋，经过一段时间成熟，龙蛋会孵化出雏龙。龙族从蛋到幼雏的孵化时间依然是一个秘密。不过，我们可以通过蛋壳表面的粗糙程度和坚硬程度，以及保护性尖刺的形态来判断它是否接近成熟。

据悉，保护脆弱的龙蛋是整个龙族的责任。他们会将龙蛋集中到族内圣殿中的大型孵化场，在那里对龙蛋严加看护。据说，在龙蛋孵化前，亲密的接触会在负责看护龙蛋的成年龙与蛋中的雏龙之间建立起一种密切的联系，因为蛋中的雏龙已经有了敏锐的知觉。

一般刚从蛋中孵化出的雏龙大约有普通人类的一半大小。他们很快就能飞行和进行有限的吐息攻击。尽管雏龙看上去已经有些令人生畏，但幼雏时期依旧是龙族最危险的生命阶段，那时他们还没有发育出保护性的鳞甲。

已经呈现出成熟龙族外表的雏龙就是我们所知的幼龙。他们的平均体重能够轻易超过圣骑士的坐骑，但他们的身上还没有发育出成熟巨龙所具有的尖刺和表现个

龙蛋孵化之后，雏龙差不多需要十年或者更长的时间才能到达成熟阶段。

体特征的突起。幼龙还会继续发育，但他们对缺乏警惕的旅人和冒险者来说已经相当致命。因此，外出旅行的时候最好多加注意，以免在无意间闯入幼龙的领地。

完全成熟的龙在体型和力量上会有很大不同。不过，他们通常都会比一幢小房子更庞大，全身覆盖光辉灿烂的防御性鳞甲。每个龙族都有自己特殊的色彩，而且完全成熟的巨龙还会生长出具有各自族群特色的角、附生物、鳍或者水晶体——这来自最初赐予他们赠礼的泰坦守护者。一旦成熟之后，巨龙的躯体随岁月变化的速度就会显著减慢，这让他们能够享受极为漫长的生命周期。

人形龙族

艾泽拉斯的所有自然生命都能追溯到四个古老的源头：荒野元素、古神渗透的虚空力量、泰坦艾欧娜尔和翡翠梦境，以及承受血肉诅咒的泰坦造物。一开始，只有土、火、风和水元素统治着这片土地，它们之间持续着一场无休止的战争。尽管每一种元素都是一股强大而混乱的自然力量，但元素领主的分裂让它们变得虚弱，轻易就被后来的古神所击败。随着元素大军被征服，这个世界中再没有其他可以抵抗古神的力量，黑暗帝国就此崛起，以它无穷无尽的亚基虫群、无面者恩拉基以及克拉西斯战争使者统治着艾泽拉斯。

终于，万神殿的力量降临艾泽拉斯，打破了古神的暴虐统治，将接受古神驱遣的元素力量驱逐到它们各自的位面。尽管泰坦守护者们尽了最大的努力，但古神和元素的力量还是有很多逃脱了惩罚。黑暗帝国的亚基虫群钻入深黑的地下，等待它们主人的最终回归。随着时间的推移，许多元素能量进化为第一批始祖龙。

要确定一个物种的核心起源并不总是那样容易，尤其是只能凭借双眼进行观察的时候。许多人（我曾经也是其中之一）都错误地以为，龙兽、龙人、龙希尔和被泰坦秩序化的龙族既然有许多身体表观上的相似之处，他们就应该有着相同的血统传承。虽然这看似是一个符合逻辑的推断，但实际上，那些侍奉龙族的武士和仆从并非龙族的直系后裔，他们都是类人生物，只是为了满足所属龙族的需要才产生了生理变化。因此，虽然同样类型的秩序魔法也许对他们惊人的身体变化、能力的增强和寿命的延长的确起到了催化剂的作用，但这些忠诚的龙族卫士依然是凡间生物。

最后，我们还要提一下翡翠梦境中各种不同的类龙生物。那个生机勃勃的泰坦园圃为艾泽拉斯创造出惊人的生物多样性。尽管精灵龙和龙鹰有许多属于秩序龙族的鲜明特征，但他们和龙族没有真正的血缘关系。这些聪慧的生物和巨龙一同生活在翡翠梦境，分享着同样的栖息地和奥法环境，因此他们会有同样的体态特征也就不足为奇了。

也许这不适合脾胃虚弱的研究者，不过恐怖博士的著作《制造一个更好的血肉巨人》（Building a Better Flesh Giant）提供了一个非常吸引人但有些血腥的理论，解释了何为血肉诅咒，以及它对我们的祖先——维库人所产生的效果。

龙希尔

各种龙人和龙兽属于各个龙族的荣誉成员。这些武士是龙族军团不可或缺的一部分，不过他们并非没有缺陷。他们从自己的巨龙盟友那里获得的力量有助于提升他们的体力，延长他们的寿命，让他们在各自龙群所属的元素领域中有更强的抵抗能力。那些能够使用魔法的龙人和龙兽往往只具有凡人的天赋，他们经历严格训练才能掌握此种技艺，完全无法触及其巨龙主人的任何内在禀赋。

随着化身巨龙和五色龙军团之间的战争危机日益加剧，奈萨里奥开始寻求新的手段来强化自己的龙族盟友，以有效对抗对方的塔拉赛战士。只有红色守护巨龙阿莱克丝塔萨和冰心之龙威拉诺兹相信，战争是可以避免的。

奈萨里奥依然在为战争做着准备，因为担心阿莱克丝塔萨会加以阻止，他只能秘密进行试验，直到他发现了一种方法，它能够将五色龙族的力量与凡世种族的灵活聪颖结合在一起，这些聪慧的新龙系生物被他称为“龙希尔”。他们能够操纵元素能量，进入翡翠梦境，甚至掌握有限的变身术。

然而，在噬雷之龙莱萨杰丝发动攻击之后，龙希尔还是被留在了玛里苟斯制造的静滞力场中。有人推测，奈萨里奥后来创造多彩龙的灵感也许就源于龙希尔。

为了对抗来自始祖龙日益严重的威胁，奈萨里奥创造了龙希尔。他们被组织成名为“营”（weyrns）的战队，每支战队的指挥官被称为“鳞长”。

龙人

毫无疑问，龙人是巨龙们忠诚的盟友。在这方面，他们和龙兽非常相似。很不幸，关于龙人起源的信息少得可怜，不过几份不同的记录都提出了同样令人感到好奇的说法，那就是龙人来自有足够胆量主动接近辉煌巨龙的凡人。实际上，他们的称谓包含多种含义，其中“忠诚者”反映了巨龙对他们最深挚的赞许。正是这些忠诚的精英卫士在为龙族守卫着巢穴、圣殿和其他一切至关重要的地方。

关于龙人，虽然极少有相关的文字记录，但他们实际上相当聪明，能够使用有限的语言。在巨龙和守护巨龙面前，他们通常会以鞠躬或跪拜的方式表达敬意。大多数龙人出自艾泽拉斯的五色龙族，不过我们也发现过侍奉多彩龙、灵翼龙和永恒龙的龙人。

大多数龙人都是自愿接受转变的，不过也有例外，比如在魔枢战争之前被迫从属于玛里苟斯的法师们，还有那些被暮光之锤改造的人，以及克洛玛古斯的放射性疾病的受害者。

许多备受重视的典籍都错误地认为龙人是为战斗而生的守卫和武士。在此，我们必须予以纠正。据了解，大量龙人在从事建筑师和工匠的工作，或者为巨龙管理各种神圣场所。

龙人在巨龙群岛各处都有兴盛的社群，他们在这里创造了许多建筑奇迹。

晋升者

我们还不是很清楚用来制造晋升者的具体仪式，不过可以确信，仪式过程遵循了奥术的转移原则。在这种仪式中，一个不幸生物的生命精华会被吸取出来，转移到另一个生物体内。由于这种黑暗手段基本上产生自术士法术，因此我们可以推测，邪能或者虚空能量肯定在这一施放过程中发挥了作用。

因为牺牲一个生命以强化另一个生命严重有悖于道德，所以这一行为在五色龙族和大多数我们所知的艾泽拉斯社会中都是被禁止的。不过，在战争时期，那些对生命漠不关心的势力举行晋升仪式的案例并非绝无仅有。距离我们最近的相关实例应该就是暮光之锤吸取元素能量用以制造他们最强大的信徒。

迄今为止，在被创造出的晋升者中，也许最臭名昭著的就是影月谷龙喉氏族的爪牙。在那里，灵翼龙的生命精华被吸取出来，注入充满邪能的兽人身躯中，由此产生的强悍怪物成为黑暗神殿附近龙喉氏族矿场和战龙训练场的守卫以及工头。考虑到龙喉氏族和希奈丝特拉的长久联盟关系，以及希奈丝特拉对灵翼龙生命精华的试验，暮光龙的出现很有可能也和兽人的黑暗晋升仪式有关系。

完整记录黑暗晋升仪式的典籍的确存在，如《禁忌咒文及其他亡灵仪式》（Forbidden Rites and Other Rituals Necromantic）——这也是我们唯一知道的此类典籍。它被一队渗透进通灵学院的英雄摧毁了。什么？你认为我根本不应该向人们透露这种技术的存在？你真的这样想？

塔拉赛

和巨龙群岛的许多生物一样，塔拉赛的身上呈现出有限的龙族特征，但我们依然认为这种生物的进化与始祖龙并无关系。在被五色龙族和化身巨龙分别纳入各自的军队之前，塔拉赛们过着原始、野蛮的生活，并不像他们的巨龙盟友那样具备明确的社会结构。

有一个重要的事实，那就是并非所有侍奉龙族的塔拉赛都被巨龙力量强化过。追随五色龙族的塔拉赛一定会受到秩序魔法的改变，促使他们进化成与不同龙族有着密切关系的生物；而那些效忠于化身巨龙的塔拉赛则能够选择是否要被注入元素能量——这源于化身巨龙的核心理念，即任何生灵都不应该只是为了侍奉他们而被迫改变自己的生命形态。

塔拉赛的生命形态取决于被注入何种能量，也有一些塔拉赛并未被外来力量所改变。

龙族军团精兵

龙兽

关于龙兽的自然本质、存在目的和进化起源，我们都存在许多误解。由于他们的龙族特征和独特的四足形态，任何人都很容易相信，他们一定是龙族本身发生畸变所形成的生物。然而，龙兽的强化性质与那些更具有人形特征的龙族随从有颇多共同之处，因此，也许龙兽的进化也可以追溯到某种凡间生物的起源。

令人颇感兴趣的是，在巨魔、精灵、牛头人和其他文明中都有许多古老的传说，讲述那些效忠于龙的人被赐予龙族形态。不过，传说毕竟不是事实，既然巨龙们并没有关于这一话题的任何讨论，我们最好只是将这种传说当作一种可能的理论。

龙兽构成了巨龙军团的主要力量，大约相当于凡人军队里的步兵。他们是凶猛的战士和守卫者，但也需要强有力的领导才能发挥出全部作战力量。那些表现出奥术造诣或者战术头脑的龙兽通常会被晋升到指挥岗位，也就是火舌或者刃鳞。尽管大部分龙兽只会满足于用手中的利刃为自己所属的龙族效劳，但也有一些龙兽会被巨龙委以非常重要的任务。

火舌

据悉，“火舌”称号只会被授予极少数表现出杰出作战技巧、谋略智慧和领导力的龙兽。这样的龙兽在武士阶层拥有巨大的荣耀，受到高度尊敬。他们卓越的智力经常让他们有权使用所属巨龙军团珍藏的稀有宝物，而且在适当的时候，他们还会接受必要的指导，以掌握施法能力。在龙兽的等级体系中，作为战术执行者，火舌的主要任务是负责战场指挥工作，并随时因应激烈的战斗谋划新的战术。他们在战场上经常手持剑盾，和普通龙兽没有很大差别，不过他们施放奥术的能力总是能让你一眼就把他们识别出来。

“以火灭火”的古老格言害了许多与红龙军团火舌对阵的年轻法师。面对龙兽天生的元素免疫能力，炎爆术的火球无论多么巨大，都没有半点意义。

刃鳞

位于龙兽部队序列顶端的，就是那些身披重甲的精英指挥官——刃鳞。关于他们在战场以外的生活，我们知之甚少。不过，可以确定的是，这些精锐战士全都证明了自己非凡的格斗与施法实力，为自己赢得了无上荣耀。如果说火舌喜欢轻装上阵，是因为他们更喜欢凭借智力制订高明的战术和施放强大魔法，那刃鳞就是纪律严明的老兵，精通所有层级的进攻和防御战法。作为巨龙军团最忠诚的追随者，刃鳞经常会因其功绩而获赐魔法武器和最好的盔甲。

若一个刃鳞出现在战场上，则整个战局都将发生改变。

龙族生物

始祖龙

始祖龙经常被描述成肆意妄为、性情凶猛的野兽，这清楚地反映了他们混乱的元素生命起源。作为艾泽拉斯初期混乱生命的后代，大多数始祖龙虽然从原始灵体进化成有血有肉的生物，但依然和他们的源头元素有着密切的联系。他们现在主要栖息在巨龙群岛和诺森德冰原。不同始祖龙具备不同的吐息攻击方式——从闪电到火焰、冰霜、砂砾和毒烟，不一而足。尽管始祖龙都是令人闻风丧胆的掠食猛兽，但他们和嚎风峡湾的维库人部族有着绵延许多世代的深厚联系。维库人训练他们，以弥补自身因遭受血肉诅咒而产生的弱点，比如掠龙部族的成员在诺森德的常绿树林中狩猎时就总会带上始祖龙，作为他们的坐骑和狩猎伙伴。

人们一直都认为，始祖龙缺乏守护巨龙和五色龙族的神赐智慧，实际上，尽管诺森德的始祖龙看上去更像野兽，但巨龙群岛上也有像莱萨杰丝这样的化身巨龙，他们能使用语言，拥有复杂的理性思维，还建立了稳定的社会结构。

传说，远古时代有许多始祖龙迫不及待地接受了泰坦的赠礼，晋升为秩序巨龙；也有许多始祖龙不愿意放弃自己的原始根基从而成为万神殿的仆从——仅仅是这种想法就让他们怒火中烧。这些始祖龙成为拜荒者，他们越来越激进地认为，那些得到晋升的同胞已经发生畸变，没有资格继续生活在巨龙群岛。尽管秩序巨龙和拜荒者也有过亲密相处的岁月，但在五色龙族离开巨龙群岛后的漫长岁月中，导致他们之间爆发战争的仇恨之火变得更加炽烈。

在巨龙群岛被重新发现之前，公认的始祖龙栖息地只有冰封的诺森德大陆。

云端翔龙

潘达利亚云端翔龙的起源至今依然和他们生活的那片大陆一样，被笼罩在神秘的雾霭中。许多学者推测，这种生物对元素能量的控制表明他们和始祖龙有着相似的进化路径。不过，关于风暴之裔阿拉尼的古老传说向我们展示了另一种有趣的可能。

最初向我们讲述这个故事的是风暴守望者罗琪。故事一开始就描述了雷神皇帝的另一种结局。一场不可思议的元素能量风暴被释放到锦绣谷。在风暴最激烈、凶猛的时刻，一道闪电击中琼花湖的正中央，让晶莹纯净的湖水骤然间开始剧烈燃烧。神秘火焰持续不断地燃烧了许多天，才从里面显露出一条幼小的云端翔龙。这一奇迹的目击者称，那条龙的鳞片上闪耀着那场风暴的能量光华，因此，她被命名为风暴之裔阿拉尼。

在那之后的许多个世代中，潘达利亚的居民都曾经在高空白云之间欣赏到飞龙的身姿，只不过没有人敢靠近那些威严而聪慧的巨兽。

后来，又有一阵同样可怕的风暴从翡翠林中呼啸而过。第二天，在调查灾害情况时，一位名叫“蒋”的熊猫人发现了一条从巢中掉落的受伤幼龙。蒋对这条幼龙悉心照料，直到他恢复健康。由于熊猫人的善良，两个种族之间建立起深厚长久的友谊。有一天，还没有成年的罗从入侵的赞达拉巨魔手中拯救了蒋，将她背到安全的地方，这让蒋有了一种设想。熊猫人是技艺精湛的战士，但他们还是无法抵抗巨魔那些致命的蝙蝠骑兵。然而，有了云端翔龙的帮助，他们就能和巨魔的空中部队作战了。罗和蒋一同冲破巨魔的阵列，证明了翔龙战术的巨大价值，这直接促成云端翔龙骑士团的建立。

云端翔龙和翔龙骑士对彼此都有着无比坚定的忠诚。在蒋牺牲自己，杀死巨魔首领孟加兹，阻止了雷神的复活之后，罗一直在蒋生活过的村庄上空盘旋，寻找他挚爱的朋友，数十年都不曾离开。

潘达利亚的许多历史都是以口述故事的形式流传至今的，其可靠性还需加以判断。

元素龙

许多学者一致认为，生活在艾泽拉斯物质位面的龙绝大多数是从元素进化而来的。不过，有越来越多的证据表明，相反的进化过程可能也是存在的，比如一些始祖龙进入了各个元素位面。尽管他们依然保留了原本的巨龙形态，但元素环境中多变的力量改变了他们的生理机能，从而出现了一个新的物种——元素龙。这只是元素龙产生的理论之一，其准确性如何，还有待时间证明。

尽管凡人以前也许曾经遇到过这样的巨龙，不过公认发现元素龙的时间还是在大地裂变之后。当时，进入元素位面深岩之洲的一条通道被打开，人们看见了那里的石龙。因为石龙无法使用语言，所以关于这种生物及其习性，还有很多未解之谜。不过，他们似乎与早期始祖龙非常相似，同样重视纯粹的力量和凶猛性，轻视狡诈和智慧。也正因为如此，他们的首领和主母埃奥瑟拉对盘踞在深岩之洲的死亡之翼奈萨里奥表现出了非同一般的敬重。

天空之墙的风暴龙也有类似的性情。他们依靠风和闪电的力量守卫风元素位面。许多学者都在努力证明火焰之地的凤凰也遵循了类似的进化路径，不过要深入研究这种性情暴烈的生物无疑与把手伸进火焰一样危险。

现在还没有已知的元素龙存在于水位面，不过探索深渊之喉实在是过于困难。

托林尼尔

没有人知道风暴峡湾中那些风暴龙的真实年龄，连托林尼尔自己也不知道。不过，既然在泰坦的史籍中缺乏相关记录，大部分学者便认为这些托林尼尔是在大分裂之后，在破碎群岛的孤立环境中进化出来的。托林尼尔的首领是泰姆贾里斯，她决定与守护者奥丁和他的瓦拉加尔军队结盟。于是，托林尼尔经常被召唤去参加臭名昭著的勇气试炼——所有想要在冥狱深渊之战中寻求荣耀的勇者都必须通过这种试炼，以证明自己的力量和价值。

和其他有智慧的龙族群落一样，与泰坦的联盟并没有被全体托林尼尔所接受。于是，一部分托林尼尔和他们的主体群落发生了分裂。目前，这群分裂出来的托林尼尔由尼索格率领。因此，那些在英灵殿受到敬重的人最好还是避开纳斯托迪尔山周围的地区。

帷翼

炽蓝仙野的帷翼被认为是暗影界唯一的原生龙族，也是寒冬女王之国凶猛的守卫者。正因为如此，他们得到了法夜的最高敬意。帷翼到底是初诞者的造物，还是由仲裁官送来的灵魂进化而成，我们尚未得知。他们在龙族中显得格外特别，因为他们身上的鳞片会逐渐过渡成华丽的鬃毛。和艾泽拉斯的龙相似，帷翼会使用多种不同的吐息攻击方式，不过他们擅长使用的是其生存环境中的一种天然能量来源——心能，而不是元素能量。

据说，在炽蓝仙野，帷翼的强悍和美丽非常受推崇，以至于那些掌握灵魂塑造能力的人往往会模仿他们的庄严形态。

在造访炽蓝仙野的短暂旅行中，我未能确认帷翼是否具备语言能力。也许他们只是觉得，对一个老法师没什么可说的。

最近，在索德拉苏斯发现的一个种群也许能让我们进一步探究这一龙族起源的时间和地点。不过，到现在为止，研究尚未取得任何成果。

精灵龙

精灵龙通常被描述成一种聪明小巧的生物。他们的历史就像其他龙族的一样，和艾泽拉斯的故事交织在一起，早已经历漫长的岁月。这些有翅膀的生物并非真正的龙，不过他们通常栖息在巨龙生活的地方，和翡翠梦境有着千丝万缕的联系，而且他们格外喜欢寻找能量源泉。传说，一队好奇的黑暗巨魔正是跟随精灵龙才找到永恒之井，成为世上最初的精灵的。

精灵龙也被称为小精龙、闪龙、灵龙，他们大多能够掌握有限的当地语言。利用精巧、复杂的法术进行攻击和防御，是他们的特点之一。他们的法术技巧包括隐形、瞬移，以及让他人的法术受到抑制、被消除，甚至发生反噬。正因为如此，艾露恩的女祭司们经常会召唤精灵龙来帮助她们保卫艾泽拉斯。

在荒野中的许多地方都能看到这些顽皮的小家伙，不过菲拉斯和灰谷的森林是他们最常出现的地方，因为那里有许多精灵遗迹和多处月亮井。尽管情况相当罕见，但据说有人见到过众多精灵龙聚集在提瑞斯法林地中一个神秘的蘑菇环里，我们称那里为“耳语森林”。有幸目睹过这番奇景的人都会津津有味地回忆起那些悠扬的歌声、幻美的光彩、灵动的舞蹈，而这一切的结束就像开始时一样突然。

如果你想要让自命不凡的年轻法师懂得谦逊，我建议你最好带他去灰谷森林，他很可能会在那里领教一下什么是法术反制和反噬。

在人们眼中，龙鹰通常会与奎尔萨拉斯血精灵联系在一起。不过，附近的阿曼尼巨魔对他们有着高度敬意，因为巨魔的神灵加亚莱就是龙鹰的样子。

龙鹰

龙鹰得名于他们半龙半鹰的外观。许多人会将他们和可以作为宠物驯养的龙类相混淆，毕竟这两类生物的外形有许多相似之处，而且他们都有喷吐火焰的独特能力。尽管龙鹰骑士和龙类的豢养者们都说他们的伙伴是具有高度智慧的生物，并且对奥术魔法有着非同寻常的天赋，但无论是龙鹰还是龙类，都不具备精灵龙那样的魔法能力。天然龙鹰主要生活在奎尔萨拉斯和祖阿曼森林中。在血精灵历史上的历次重要战役中均有他们的身影出现，其中就包括对冰冠堡垒的进攻。

作为一种掠食猛兽，龙鹰的优势是动作敏捷、适应性强。凯尔萨斯·逐日者王子的军队战败之后，龙鹰在外域的许多地方都成功繁育出了当地种群。有趣的是，尽管大部分报告都宣称奎尔萨拉斯的龙鹰眼睛偏向于散发蓝光，但观察过外域龙鹰的人则报告说那里龙鹰的眼睛更多会表现为绿色，这似乎是他们在外域吸收了邪能的结果。

如果有哪个法师认为在达拉然图书馆留下一个通往斯通纳德的未关闭传送门是件有趣的事，那也许可以安排他去外域实地考察龙鹰。

拜荒者

在这里，只能勉强尝试对拜荒者进行一些公允的描述。同时我们必须承认，只从他们古老对手的视角和历史记录来对他们进行描述，实在是很危险的事，而且肯定会存在众多缺陷。

向敌人举起利刃或利爪可能有很多原因，其中最高尚的莫过于保卫自由意志。拥有决定自己命运的权利是生命能够获得的最大赠礼，这永远都不是理所当然的事情。当泰坦以众多宏大的奇迹为艾泽拉斯带来秩序的时候，他们关于我们这个世界的愿景并没有得到艾泽拉斯所有生灵的认同。

在守护巨龙被赋予泰坦力量之时，所有龙族都得到了接受秩序魔法塑造的机会，但还是有许多龙不信任泰坦，或者不愿意放弃自身的纯粹与野性去换取泰坦的礼物。这些龙便是我们所知的拜荒者，他们宣称，只有他们才能代表龙族真正的进化方向，泰坦守护者们破坏了秩序龙族与生俱来的元素本性。不过，在面对秩序龙族的时候，还是有许多拜荒者将他们视作曾经和自己同巢共命的亲族，相信他们之间的鸿沟可以弥合——直到拜荒者们发现一些始祖龙蛋被取走，未经龙巢主母同意就被注入秩序魔法。这种可怕的背叛行径让拜荒者们不愿再和守护巨龙以及五色龙族谈判，他们直接宣布了战争的开始。

这场战争持续了数千年，直到四大化身巨龙被囚禁，他们的军队星落云散。大部分拜荒者绝对不会忘记自己是在为什么而战，也不会忘记那些让和平不可能回归巨龙群岛的古老判决。

在拒绝泰坦的赠礼之后，拜荒者们向元素求索力量，以支持他们对抗守护巨龙。

石鳞之龙伊律迪孔

因为自己的战略眼光和不可思议的力量，伊律迪孔自认为是所有拜荒者的首领。在破碎深谷之战后，他成为最后一位被关进泰坦监狱的化身巨龙。因为同样和大地有着深刻的联系，以及同样谨慎的性格和对长远计划的偏好，伊律迪孔总是被看作他曾经的挚友和盟友——黑色守护巨龙奈萨里奥的翻版。

伊律迪孔曾经对守护巨龙们充满敬意，因为正是他们结束了迦拉克隆的威胁。但他很快就开始对五色龙族崇敬泰坦的行为感到不满，并宣称他们简直成了泰坦守护者豢养的宠物。在发现始祖龙蛋被注入秩序魔法之后，伊律迪孔很容易就说服其他始祖龙，向守护巨龙发动了战争。

在其他化身巨龙战败之后，伊律迪孔开始不择手段地寻找胜利的机会。为此，他甚至找到了一个不可想象的盟友——喜好猎杀龙族的贾拉丁。尽管许多个世纪以来，这些火焰巨人被所有龙族视为不共戴天的仇敌，但对守护巨龙共同的憎恨让伊律迪孔和他们有了共同的立场。于是，当残虐者艾姬拉率领她的贾拉丁巨人意外地出现在战场上时，五色龙族的阵线几乎被他们一举粉碎。不过，五位守护巨龙团结一致最终还是赢得了胜利，俘虏了伊律迪孔，并迫使艾姬拉的军队退回到地下。

为了打败守护巨龙，不择手段的伊律迪孔与龙族古老的敌人——贾拉丁结为联盟。

伊律迪孔希望等待时机，而菲莱克只想立刻发动战争。

火光之龙菲莱克

菲莱克是巨龙女王阿莱克丝塔萨的近亲。不过，据传说，脾气暴躁的他和温柔的阿莱克丝塔萨形成了极其鲜明的对比。和大多数始祖龙一样，菲莱克以凶猛和擅长狩猎而著称。不过，战场上的荣誉感对他来说没有什么意义。实际上，菲莱克的名声全部来自他对敌人非同寻常的残忍，以及他制造痛苦和杀戮的手段。

菲莱克喜怒无常的脾气和坚决不遵守任何规则的性情吸引了大批厌恶秩序的始祖龙，最终导致拜荒者集团的形成。另外，菲莱克还发现了开启元素源泉、获取强大能量的秘密。于是，他宣称自己和他的化身巨龙同伴才是艾泽拉斯龙族真正的进化方向。他们与五色龙族之间达成的和平不仅是不可能的，更是无法容忍的。尽管守护巨龙对伊律迪孔的阴谋更加关注，但菲莱克的侵略性让他成为五色龙族绝大多数成员最害怕的敌人，甚至连拜荒者也对他多有忌惮。

根据现有史料，菲莱克是第二个被击败并被囚禁的化身巨龙——那是在坠火之地一役中发生的事情。

那些懂得战争的头脑往往会发出最强烈的和平之声。

冰心之龙威拉诺兹

如果说，五色龙族和拜荒者之间还有实现和平的希望，那么希望所在就是阿莱克丝塔萨和威拉诺兹之间的友谊。威拉诺兹和莱萨杰丝是至交好友，但在对待秩序龙族的问题上，她们的看法截然相反。面对两大龙族阵营之间日益加剧的矛盾，威拉诺兹显现出非同寻常的冷静和理性智慧。最初，当菲莱克和伊律迪孔邀请她加入拜荒者时，她断然拒绝了。但她也无法长久地忽视泰坦魔法的威胁，尤其是当她发现，奈萨里奥囚禁了莱萨杰丝，而且阿莱克丝塔萨还允许始祖龙蛋被注入秩序魔法。

终于，威拉诺兹接受了拜荒者的理念，相信巨龙应该从元素中获得力量。她让元素力量充满自己的身体，成为寒冰化身巨龙。她的战斗手段和策略成为拜荒者军团的支柱性力量，直到多年以后，她在冰封之眼战役中战败并被囚禁。

噬雷之龙莱萨杰丝

和大多数拒绝秩序的始祖龙一样，莱萨杰丝认为狂野不羁才是龙族本性，就像那些混乱无序的风暴。因此，她将泰坦视作入侵者和征服者，而那些所谓秩序的“赠礼”，只是束缚他们自由意志的链条。

莱萨杰丝要找到和自己志同道合的同伴并不难。很快，她就加入菲莱克和伊律迪孔的队伍中，成为风暴化身巨龙。他们一同召集起一支塔拉赛军队，向守护巨龙和五色龙族挑起战争。

莱萨杰丝是第一个被囚禁的化身巨龙。当时，她率领拜荒者军队对禁忌离岛发动了一场狡诈的突袭，目标是奈萨里奥和他的龙希尔部队。尽管莱萨杰丝在一开始取得了几乎压倒性的优势，但奈萨里奥召唤出了虚空力量，压制并囚禁了莱萨杰丝，化身巨龙的攻势也因此被瓦解。当拜荒者发动袭击的消息传到巨龙女王阿莱克丝塔萨那里时，她最后一次向化身巨龙提出恳求，希望双方恢复和平。但化身巨龙的回应是伊律迪孔率领大军对龙眼神殿发动全面进攻。鳞裔战争就此彻底爆发。

如果不是因为奈萨里奥与虚空的联系，莱萨杰丝的突袭很有可能会取得胜利。

永恒龙族

先知警告我们，知道自己死亡的时刻只会招致疯狂和绝望。但如果有选择，几乎没有人会拒绝看一眼自己的未来。这种可怕却虚无缥缈的诱惑对每一名青铜龙族的成员来说是真真正正的事实。作为时间守护者，他们可以在时间长河中回溯过去，鸟瞰现在，探寻未来。这让他们能够知道必然发生的现实和无从逃避的命运。而他们向泰坦立下的神圣誓言，阻止了他们干涉在时间长河中看见的一切。

但如果未来会发生某种真正恐怖的灾难呢？如果大规模的死亡和屠杀将会威胁到所有生命，又该如何？和保护宇宙中的全部生命相比，泰坦的命令又有多大价值？如果有机会改变这样严峻的未来，有谁能拒绝这样的机会，依然留在原有的时间线中袖手旁观？青铜龙和永恒龙是两种永远背道而驰的生物，而正确的决定似乎永远介于双方之间的某个点上。

随着守护巨龙失去力量，暮光审判被阻止，我们否认了永恒龙族预见的未来。现在，只希望我们做出的选择是正确的。

永恒龙族没有领袖，他们还在等待着他们堕落的守护巨龙。

姆诺兹多

永恒之王＊堕落的时间守护巨龙＊永恒龙军团领袖

没有人知道诺兹多姆堕落的原因是他坚守了自己不会改变真时间线的誓言，还是他背叛了这个誓言。

据说，在诺兹多姆晋升为守护巨龙的那一刻，他就知道自己的生命将如何终结。如果这是真的，这就意味着时光之王诺兹多姆在许多个漫长的千年里，一直背负着自己必将堕落的重担。

如此复杂的时间概念对凡人而言往往是难以理解的，正如即使时间路径的无限条分支摆在我们眼前，我们也很难明了这庞大信息的真正含义。用最简单的话来说，如果要扭转一个悲剧，行动中的每一个改变都会产生一道因果涟漪，而最后导致的结局往往会比原本的悲剧更加可怕。正是出于这个原因，青铜龙军团的主要职责就是保卫唯一真时间线神圣的完整性。

尽管被授予如此重要的任务，时间守护巨龙诺兹多姆知道，自己终将背离至高守护者莱的命令，转而为结束艾泽拉斯的全部生命而努力。在诺兹多姆看来，自己变成堕落的姆诺兹多从来都不是问题的重点，重点在于这一变化发生在什么时候。随着暮光审判被阻止，现在的问题又变成诺兹多姆可怕的未来是否发生了改变，抑或战胜死亡之翼奈萨里奥只是通向真正时光之末必经的一步？这一切是不是都没有脱离注定的命运？永恒龙族依旧在干扰时间长河，力图使时间守护巨龙堕落。从这一点看，似乎未来依然在偏向后一种可能。

关于一头永恒龙获得初诞者神器的报告同样令人感到忧心。幸运的是，那件神器在被一个来自塔扎维什的掮灵偷走之后，现在已被我回。

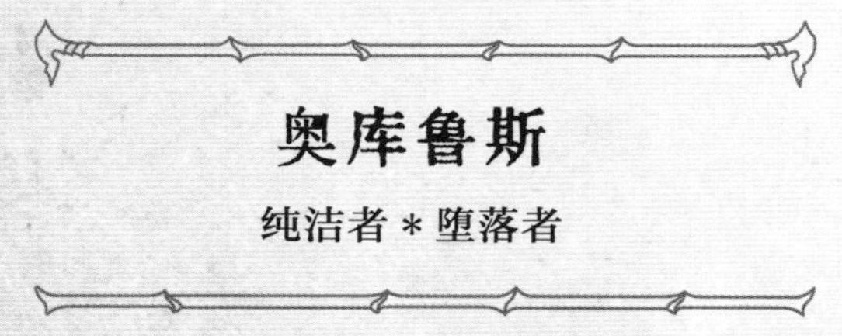

奥库鲁斯

纯洁者＊堕落者

奥库鲁斯曾经是青铜龙军团忠诚的一员、时光之穴的一名守卫。因此，他的突然堕落令人感到神秘又不寒而栗。很快就有人发现这头幼龙在灼热的塔纳利斯沙漠中游荡，不断预言着永恒龙族的崛起和时间守护龙族的终结。

尽管他的疯狂令人不安，但让敢于靠近他的青铜龙最为惊惧的还是这头幼龙外貌的变化——他曾经金光闪闪的鳞片现在却漆黑得如同最深沉的午夜，原始的无色能量在上面游走，形成无数道刺目的闪电。

正如奥库鲁斯所预言的那样，他不是青铜龙军团遇到的最后一头因时间而堕落的龙。

时空猎手

永恒龙军团特工

永恒龙军团早期任务的核心似乎是干扰燃烧军团对艾泽拉斯的第二次入侵。出于我们还不得而知的原因，永恒龙军团意图改变燃烧军团被挫败的历史。他们的具体方案就是沿时间长河回溯，除去能够阻止艾泽拉斯被毁灭的英雄。

为了达到这一目的，永恒龙军团派出时空猎手去干涉萨尔从敦霍尔德城堡的逃亡。萨尔被人类艾迪拉斯·布莱克摩尔养大，被训练成角斗士和军事家。正是从他逃亡的那一刻开始，部落得到了其历史上最重要也是最受敬重的大酋长，大地之环得到了他们最强大的萨满。大多数历史学家相信，如果没有萨尔统率部落，并且和卡利姆多的其他势力达成和平协议，燃烧军团早已攻占了我们的世界。

在几位凡人的努力以及青铜龙安多尔姆和伊洛希恩的指引下，时空猎手被击败，时间线神圣的完整性才得以恢复。

拆除关键的基石，即使是最坚固的结构也会崩塌。

埃欧努斯、德亚和坦普卢斯

永恒龙军团时光领主

在黑色沼泽深处，一队凡人勇士见证了历史性的一刻——艾泽拉斯最后的守护者打开了连接两个世界的大门。这个人就是麦迪文，有史以来最强大的人类法师。随着黑暗之门的开启，兽人大军如狂涛般涌入艾泽拉斯。不过，这一队由安多尔姆派出的勇士并非要改变这悲剧性的一刻，阻止由此爆发的战争（尽管许多人可能都有这样的期待）。实际上，他们的任务是保护这一刻不被改变，阻止由永恒龙军团坦普卢斯精心谋划的一场袭击。

之前永恒龙没能杀死萨尔，于是他们选择了时间长河中更早的一刻。在那里，他们能完全阻止兽人部落的到来。为了一举击败保护麦迪文的凡人勇士，数道传送门被同时打开，先是几拨堕落龙人，随后坦普卢斯和时光领主德亚也加入了战团。尽管永恒龙军团的力量多次险些彻底压垮凡人勇士，但凡人勇士最终还是赢得了胜利。他们克服了埃欧努斯的时间停止法术，确保麦迪文完成了他至关重要的任务。

如果永恒龙赢得胜利，恐怖的第一次兽人战争将永远不会发生。

尽管凡人勇士们被大多数人视作保护时间线的英雄，但还是有许多人禁不住会思考，如果永恒龙阻止了麦迪文，会不会有更好的结果？我曾经的导师麦迪文所做的一切导致了无数悲剧，而我正是众多悲剧的见证人之一。关于这件事，我们进行过无数次令人疲惫的讨论，而且这种讨论肯定还会继续下去。无论如何，我都为自己导师的行为感到惭愧。然而，不管第一次兽人战争和第二次兽人战争导致了多少生命毁灭的恐怖灾难，历史学家们普遍认为，如果没有部落和联盟的团结一致，燃烧军团对艾泽拉斯的第二次（很可能还有第三次）入侵就很可能会成功。

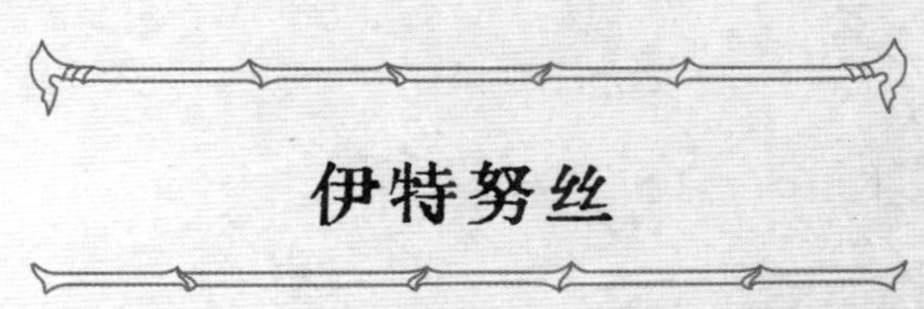

伊特努丝

伊特努丝是高度智慧和冷酷决心的致命结合，是最让我们担忧的永恒龙军团成员之一。据说，和她的大部分同胞一样，伊特努丝认为他们变成永恒龙不是一种堕落，而是龙族不可避免的进化。因此她宣称，诺兹多姆转变成永恒守护巨龙的时刻预示着永恒龙族下一个巨大的进步，那时，他们将完全控制时间路径。

伊特努丝似乎不像其他永恒龙族那样富有进攻性。不过，据说她认为青铜龙族接受的泰坦指令具有严重缺陷，最终将彻底颠覆龙族真正的命运。

除了诺兹多姆，永恒龙族没有再刻意对其他青铜龙进行主动改变。实际上，他们只是在等待他们的亲族最终觉醒。

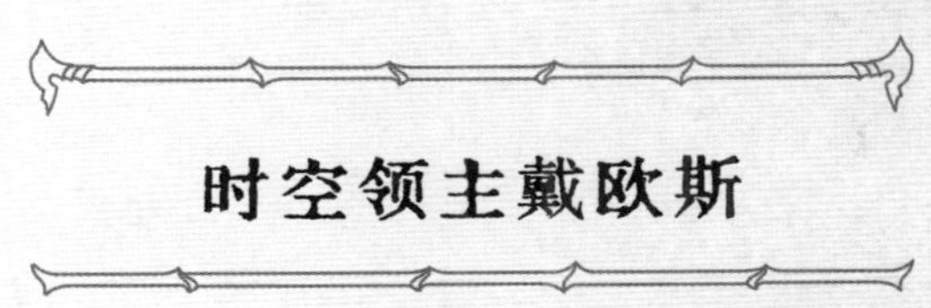

时空领主戴欧斯

和大多数永恒龙的阴谋一样，我们不知道时空领主戴欧斯只是在完成他自己的计划，还是参与了一场规模巨大的战役。不过，我们似乎可以确定，他的主要目标是防止守护巨龙重新获得失去的力量。

当一队勇士奉命进入奥达曼秘藏去寻找一件可能存在的重要宝物时，时空领主戴欧斯出手阻挠他们，以确保没有人能够阻止永恒龙对时间路径的控制。实际上，时空领主戴欧斯在奥达曼的行动反而给了我们一点小小的希望——也许的确有一条路径能够避免守护巨龙的陨落。

泰坦铸造的奥达曼宝库早已被探索过，甚至有清晰的地图可供参考。人们都认为其中的宝藏已经被完全发掘。我们不知道的是，那里还有更多东西在等待着被发掘。

时光之末

在这神圣的灰烬平原上，弥漫着一种前所未有的荒凉。在那些曾经生机勃勃的巨龙圣地，朱红的花瓣和翠绿的泪滴现已干涸枯槁，变成黑色的朽骨。华美的龙眠神殿乃泰坦造物，现在它上面却插着死亡之翼奈萨里奥破碎的尸骸。在漫长的岁月中，他的血一直在燃烧——那火焰是很久以前死去的元素的不甘与愤怒。太阳早已在凡人时代落下，只留下模糊不清的暮光。

然而，在远方，扇动翅膀的声音突然吸引了依然存留在世间的一切目光：那是一头无比巨大的龙，覆盖全身的黑色鳞片上闪耀着无数炽烈的电光。他的身后矗立着一个人们无比熟悉的装置——一件用玻璃、青铜和砂砾制作的神器，超出时间之外，亦是时间本身。在这个现实中，永恒守护巨龙和艾泽拉斯几乎所有的灵魂一样，只能承受自己那风中残烛般的命运。你眼前所见，不过是一头龙在自己最后的时刻苟延残喘，直至无可逃避的灭亡降临。

塔伦米尔

肥沃的农田逐渐变成草木丛生的丘陵，种类繁多的野生动物栖息于其间。在这里，战争的伤痕被茂密的、高高的草丛遮盖，生锈的刀剑和兽人战锤渐渐化为尘土。在整齐的苹果树林中，人们尽可以回忆洛丹伦的荣耀，也许还能暂时忘记渴望血肉的亡灵正在不远处的银松森林里游荡。对那些梦想和平的阿拉索儿女们而言，只有两个世界交会处的废墟在等待着他们。

但就是在这片废墟中，一段友谊在慢慢生长。在一个小村庄简陋的房舍和店铺中，一个平凡的女孩将爱和同情给予了一个被人们痛恨的敌人。由此，这位酋长的心中被永远埋下了和平的火种。

斯坦索姆

瘟疫的烈焰在这座曾经繁荣兴盛、充满光明的石头城市中肆意燃烧。呆滞僵硬的躯体拖着缓慢的脚步，从一片阴影移动到另一片阴影。一袋袋刚收割的谷物被丢弃在店铺门前。远处，随着圣骑士曾经正义的战锤挥落，无辜者凄厉的尖叫声戛然而止。

在这样的混乱和绝望中，这场噩梦的缔造者正在等待着，那是一位生于傲慢之中的恐怖魔王，他所做的一切都是为了实现黑暗泰坦的意志。他以燃烧军团的名义控制了整个世界，但今晚，他只想将一个灵魂拽入黑暗。

暮光龙族

大多数人错误地以为，暮光龙的名字与他们和暮光之锤氏族的从属关系，以及那个名为“暮光审判”的末日预言有关联。多亏了罗宁大法师的详细讲述，我们才知道这一龙族的称号实际上来自德莱尼女祭司伊丽笛。她在格瑞姆巴托首次发现了这种充满虚空能量的龙。那时，她觉得这种龙和艾泽拉斯暮色中的天空非常相似，脑海中便出现了这个名字。暮光龙是灵翼龙的生命精华和艾泽拉斯原生龙相结合的产物，美丽且致命。尽管这种龙是在黑暗之门开启之后才诞生的，但关于暮光龙族的故事还要上溯到更加久远的时代，始于死亡之翼奈萨里奥在永恒之井战役中的背叛。

因使用巨龙之魂而导致暴走的能量开始撕裂奈萨里奥的躯体，为了压制这些破坏性能量，奈萨里奥慌忙退回到自己位于至高岭的巢穴，将他的军团完全置于其他守护巨龙复仇的怒火之中。尽管死亡之翼的大多数配偶幸存了下来，但黑色守护巨龙奈萨里奥急于恢复损失惨重的黑龙族群而强行与她们交配，导致她们几乎都死于死亡之翼体内狂暴能量的灼烧。只有希奈丝特拉预见到自己不可避免的灭亡以及黑龙族群注定的结局，转而开始致力于创造一个新的龙种，期待他们能够统治艾泽拉斯的所有巨龙。

龙喉氏族曾经的堡垒格瑞姆巴托在巨龙女王阿莱克丝塔萨被解救之后一直没有足够强大的主人。希奈丝特拉便占据了这里，成功地将灵翼龙泽拉库的能量注入她从其他龙族那里偷来的龙蛋之中。希奈丝特拉的试验品一直很不稳定，而卓贡纳克斯的爆炸最终夺取了这名死亡之翼主要配偶的生命。死亡之翼将她的工作继续了下去，在暮光审判之前重新建立起暮光龙军团。

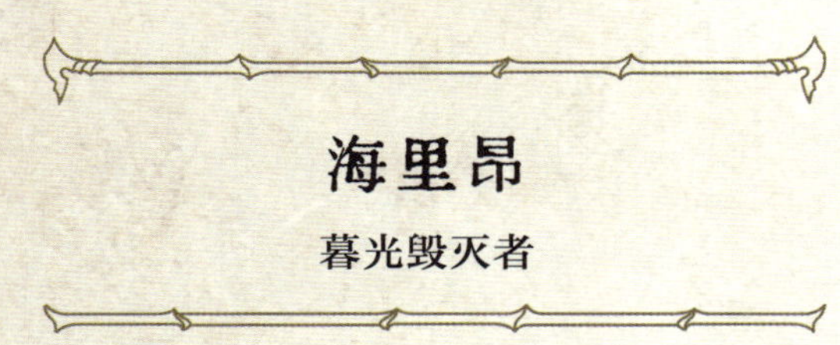

海里昂

暮光毁灭者

当龙眠联军全力应对巫妖王的时候，一支由黑龙和暮光龙组成的战队趁机杀进龙眠神殿下方的红玉圣殿。他们的主要目标是偷走红龙一族的龙蛋，以创造出更多腐化巨龙。不过，也有许多人认为这次残暴的进攻是在为黑岩守护者萨塔里奥和他守卫的暮光龙蛋复仇。突袭巨龙女王阿莱克丝塔萨孵育场的部队包括黑龙军尉塞维娅娜·怒火、战争之子巴尔萨鲁斯和萨瑞瑟里安将军，而指挥这次凶残进攻的正是海里昂。

红玉圣殿的守卫被屠杀殆尽。于是，夺回圣殿的艰难任务落在了带头对黑曜石圣殿发动袭击的凡人勇士们身上。不过，这些英雄这次要面对的不是熔岩怒涛和炽烈的火焰元素，他们必须战胜一头能够存在于多重现实位面的暮光龙，抵御他的全部怒火。

多亏了凡人指挥官精彩的战术，英雄们分成两组，分别在物质领域和暮光领域与海里昂及其军团作战，迅速解决了海里昂。

红龙一族看到自己的龙蛋安然无恙，终于松了一口气。只是他们完全没有想到，海里昂的进攻只是敌人真正手段的前奏。随着红玉圣殿守卫者的死亡，圣殿防御被削弱，暮光之锤很容易就渗透进圣殿，腐化了珍藏于其中的各族龙蛋。等到考雷斯特拉兹发现敌人的险恶手段时，要净化这些龙蛋已经来不及了。为了让他钟爱的阿莱克丝塔萨和其他守护巨龙免于承受摧毁自己龙蛋的痛苦，巨龙女王的这位伴侣牺牲自己，夷平红玉圣殿，彻底毁灭了这些被污染的龙族后代。

在不同领域进行迁移的能力曾经是绿龙一族独享的特权。

格里昂纳

战争大师黑角的战斗坐骑

当来自巨龙的能量和元素能量在巨龙之魂内部融为一体并向外迸射的时候，一些生灵在龙眼神殿的上层露台见证了那一幕。见证者在后来提及此事的时候，都确认那股汹涌的能量对死亡之翼造成了灾难性的创伤。就在片刻之前，死亡之翼奈萨里奥还在为自己即将到手的胜利扬扬自得。现在他意识到，如果部落和联盟用这件被诅咒的武器再次发动攻击，他将注定难逃一死。他没有别的选择，打算再一次逃向大旋涡，进入安全的深岩之洲。而奈萨里奥没有预料到的是，这一次敌人对他展开了锲而不舍的追击。

随着死亡之翼逃往南方，部落和联盟的战士们迅速登上天火号。奈萨里奥虽然受了伤，但速度能够和他匹敌的飞艇依旧寥寥无几，天火号就是其中之一。船长斯威茨将飞艇稳定在死亡之翼的正上方，准备发动攻击，却意外地遭到暮光龙格里昂纳猛烈的吐息进攻。格里昂纳不断地向飞艇发动猛攻，同时将战争大师黑角送到飞艇甲板上。但是，她发现黑角没办法夺取这艘飞艇时，便毫不犹豫地抛弃了她的主人。

尽管格里昂纳已经有相当一段时间不曾再出现过，但大多数人依然认为，她在那场攻打龙眼神殿的战役中活了下来，是现今依旧在世的几头暮光龙之一。

部落和联盟团结一致，才阻止了死亡之翼逃回深岩之洲。

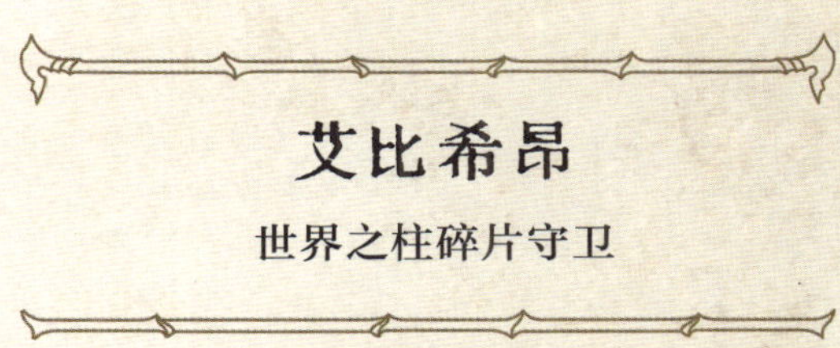

艾比希昂

世界之柱碎片守卫

在死亡之翼奈萨里奥打碎世界之柱，造成大地裂变之后，凡世种族在吞噬众多城镇乡村的地震、海啸和大火中挣扎求生。在这样严酷的环境中，人们全然无从察觉——暮光之锤已经策划了大量阴谋，只为迎接暮光审判的到来。人们更不知道的是，暮光之锤的信徒已经渗透进石母的元素领域——深岩之洲。

多亏了大地之环萨满，敌人的形迹才得以被发现。那时，萨满们正努力重建世界之柱，试图阻止元素位面崩塌到艾泽拉斯。当萨满们尝试将那件泰坦造物世界之柱拼接起来的时候，他们发现一块至关重要的碎片还在被一头名叫艾比希昂的暮光龙守卫着。艾比希昂认为所有凡人都是软弱的，便向这队勇士发动了鲁莽的进攻。但萨满用元素力量轻易击败了他，并将他俘虏。在搜查这头暮光龙的巢穴时，大地之环发现了大量暮光龙蛋。死亡之翼利用深岩之洲代替黑曜石圣殿作为孵化场的阴谋才得以暴露。

一头龙对战大地之环？我差一点儿就要为艾比希昂感到难过了，只差一点儿。

瑟纳利昂和瓦里昂娜

完美暮光龙

还在龙蛋中的时候，雏龙就已经拥有了神奇的能力——可以感知到周围的世界和其他生灵的生命精华。因此，龙经常会与自己同巢诞生的兄弟姐妹建立深厚的联系，即使他们可能来自不同的龙族。瑟纳利昂和瓦里昂娜在这方面却是一个明显的反例。只不过我们还不清楚，造成这一现象的原因是古神的污染，还是他们被加速孵育。

这对兄妹在暮光堡垒中诞生，代表着暮光龙力量和狡诈的最高水准。对攻进那座堡垒的凡人勇士们来说，他们是极度危险的；同时，他们对于彼此似乎也同样危险。和突袭红玉圣殿的海里昂一样，瑟纳利昂和瓦里昂娜都能够毫不费力地在物质领域和暮光领域进行迁移，同时他们还具有一系列可怕的阴影能力。

在战胜瑟纳利昂和瓦里昂娜的队伍中，有一位比较谦逊的成员承认，如果这对双生巨龙能够更加团结，在攻击中相互协调，那场战斗的胜败便会发生反转，历史也将因此而改写。

据说，同巢而生的巨龙之间都有着深厚而长久的爱意，不过万事终究会有例外。

红玉圣殿

要进入这个神圣的地方，就必须先到达龙眠神殿的最底层，通过一道结构精致、不断变幻的传送门。转眼间，酷寒雪原就变成秋日下的连绵山峦，到处都是郁郁葱葱的植被，柔和的自然芬芳让每一位造访者都感到心旷神怡。高大的红叶乔木在一片片外壳生满尖刺的硕大龙蛋上洒下温柔的影子。每一颗龙蛋中都有一个鲜活的生命。哪怕还未出世，这些生命就已经意识到你的存在。

灿烂的阳光忽然开始晃动，你这才注意到一名圣殿卫士正挥舞着巨斧向你逼近。那是一名魁梧高大的人形龙族战士，所有陌生人都逃不过他致命的目光。这时你才察觉到，还有十几道同样的目光在盯着你。这让你明白，也许来到这里就是一个严重的错误。

暮光堡垒

这片土地位于高耸的陡峭山峰和咆哮的无尽大海之间，呼啸的狂风常年蹂躏着、扫荡着这里的一切。这是一片避难与疗伤之地，却又难免有种种动荡不安。造物者、入侵者和格瑞姆巴托曾经的俘虏在这里共存。在诺瑟隆古老的遗迹上，矮人和兽人达成脆弱的和平状态，虽然他们并不信任彼此，但西边神秘的暮光堡垒让他们不得不团结在一起。

那座乌黑的扭曲高塔，哪怕只是看上一眼，也会让你感受到虚空的疯狂与绝望。不断从那里渗出的能量污染了此地的水与空气，将野外生灵变成扭曲、腐败、充满恨意的存在。对所有迷醉于古神恶毒呓语的生灵来说，那座高塔是一座丰碑，代表着他们所寻觅的众生的死亡和万物的终结。

梦魇龙族

一头聪明的狮子曾经告诉我，从悲伤的最深处，会站起最强大的英雄或者最卑劣的恶棍。失去最重要的东西能够剥除我们用来定义自己、让自己活下去的全部责任、目标和欲望，只剩下一个选择——希望还是绝望。范达尔·鹿盔不得不看着自己的儿子瓦斯坦恩被其拉将军拉贾克斯生生撕成两半，如此毁灭性的痛苦为范达尔划出一条黑暗的道路，并最终毁掉了他，也几乎毁掉了翡翠梦境。

不过，要发现这场悲剧的种子，我们必须从更早的时候开始，那就是萨隆邪铁的出现，一种据说形成自古神尤格－萨隆血液的矿物。作为大德鲁伊，范达尔知道，不能对这种腐化之物放任不管。他认为，要消除这一威胁，最好的办法就是偷走几根世界树诺达希尔的树枝，将它们栽种在每个遭受污染的地方。尽管他净化腐败的鲁莽举动在一开始就遭到蔑视，但他的方案似乎的确取得了成功。只是一段时间之后，世界树安达希尔周围的野生动植物变得混乱而充满怒意。在调查这种反常现象时，德鲁伊发现了一件令人恐惧的事情：这棵世界树的根系如此深入地下，已经穿透了尤格－萨隆的牢狱，让古神的腐化力量渗入了这棵树中。尽管德鲁伊迅速摧毁了安达希尔，终止了这片森林的腐化，但他们不知道的是，腐化力量同样进入了翡翠梦境。

梦魇之王萨维斯在范达尔的梦中详细说明了一个方法，能够让他的儿子死而复生。这名大德鲁伊便彻底向不断扩张的翡翠梦魇屈服，绝望让他相信了这名萨特的谎言。于是，范达尔对许多德鲁伊进行误导，或者让他们陷入沉默。梦魇一直在翡翠梦境中扩散的事实就这样被隐藏了很久。这名大德鲁伊迷失在深深的疯狂和希望中，用从萨维斯的世界树上取下的一根枝条培育出一棵新的世界树，让整个翡翠梦境几乎全部被梦魇感染。

当第一批具象化的梦魇生物出现在哀号洞穴、厄运之槌和沉没的阿塔哈卡神庙中时，这种感染已经积重难返，就算是集合全部德鲁伊与绿龙军团的力量也无法阻止它了。

范达尔失去儿子的痛苦从没有停止过，于是，这份绝望成了毁掉翡翠梦境的完美武器。

梦魇之龙

梦魇之王萨维斯的仆从

那些得到净化的梦魇生灵经常会讲述一些相似的经历——梦魇的感染如何缓慢而阴险地让他们在不知不觉间失去理智。无论是巨龙、德鲁伊，还是翡翠梦境的其他居民，在他们的叙述中，令人难以察觉的疯狂一开始都只是零星出现，但会逐渐将他们彻底吞没。没有人能说得清折磨他们的噩梦和他们狂躁的怒火是从什么时候开始的，因为这样的事情往往会缓慢积累数周、数月甚至数年。更可怕的是，德鲁伊为之感到耻辱。梦魇给他们的神智带来混乱，使他们昏聩，这和他们长久以来接受的训练完全相反，他们本应该用不断增进的冥想之力克服这些弱点，最终却无法抵御梦魇的侵蚀。就连应该能识别出古神痕迹的翡翠巨龙，也因为他们避世隐居的生活风格，没有察觉到这种污染在翡翠梦境和现实世界中的肆虐。正因为如此，直到梦魇之龙从翡翠梦境的传送门中出现，危机才终于得到确认。

伊森德雷、莱索恩、艾莫莉丝和泰拉尔会遭遇厄运，既不是因为他们不够强大，也不是因为他们对族群缺乏忠诚。他们都是远古巨龙，是绿色守护巨龙伊瑟拉长久以来一直信任的副官。现在我们认为，导致他们成为第一批梦魇之龙的原因，很可能是他们长期沉眠于翡翠梦境中，这让他们未能在那个充满生命能量的领域及时感知到暗中潜入的腐化触须。无论出于怎样的原因，结果就是他们开始以自身的巨龙力量去实现唯一的目标：灭绝艾泽拉斯的全部生命。

梦魇之龙从辛特兰、暮色森林、菲拉斯和灰谷中出现，不遗余力地在凡间界域散播疯狂与恐惧。因为范达尔·鹿盔的不智而栽下的世界树上，繁茂的枝杈间回荡着他们挑战的怒吼。只有具备强大勇气的人才会前去和他们一战。尽管在梦魇之龙被击败后，他们所在的森林和自身的生命精华都已被净化，但他们后来还是再次受到萨维斯的召唤，向瓦尔莎拉发起进攻。

巨龙的苦难延续了许多岁月，不过最终每一头巨龙都得到救赎，他们的灵魂全部返回了净化后的翡翠梦境。

萨维斯被恩佐斯转变成梦魇之王，不过，这个上层精灵在上古时代第一个被转化成萨特，其实是因为萨格拉斯对他非常不满。

尼珊德拉

世界树莎拉达希尔的守护者 * 翡翠梦境卫士 * 腐化守门者

强大的世界树莎拉达希尔被认为生自母亲之树加尼尔，那还是大分裂之前的事情。它屹立在瓦尔莎拉的正中心。自从卡多雷第一次鼓起勇气走向翡翠梦境，它便成为德鲁伊文化的中心。在瓦尔莎拉，它是织梦者进行学习的园地。织梦者是一群非常古老的精灵，他们见证了世界树扎根于大地，将自己与翡翠梦境紧密联系在一起。在无数个世代中，莎拉达希尔一直平静地遮护着绿意盎然的精灵家园，直到有一天，它美丽的树冠出人意料地开始变黑，放射出险恶的猩红色光芒。

人们都以为萨维斯和翡翠梦魇的威胁早已过去。这次腐化力量在瓦尔莎拉突然出现，不仅让当地守卫者猝不及防，也让玛法里奥·怒风大感意外。这一次，腐化力量深深潜入莎拉达希尔的根系，让古老的自然守卫者塞纳留斯、橡树之心和尼珊德拉陷入疯狂。在最大的障碍被消除后，腐化感染迅速扩展到沙拉尼尔城和周围的大片精灵森林中。曾经翠绿繁茂的大树变得扭曲而黑暗。

安眠于莎拉达希尔之中的德鲁伊和巨龙都成了梦魇之王萨维斯的丑恶奴仆。

受到腐化力量的控制，绿龙尼珊德拉变异为一头散发着瘟疫毒气的尸骸怪物。她曾经和橡树之心一同保卫世界树和翡翠梦境，但现在，他们成为与腐化力量作战的凡人勇士们最大的敌人。因为无法违抗梦魇之王的命令，这头曾经的绿龙向凡人战士们释放出可怕的瘟疫剧毒，杀害了许多英雄。尽管在战场上异常凶悍，尼珊德拉被奴役的命运还是被凡人勇士们所终结。她的灵魂终于摆脱了翡翠梦魇的控制。

尽管翡翠梦魇被击败，但它的感染还是在莎拉达希尔身上和瓦尔莎拉之地留下了许多无法磨灭的猩红疤痕。

即使深陷于疯狂之中，莎拉达希尔高尚的卫士们还是坚守着他们的责任。

暮色森林中的黎明森林

在这片被诅咒的土地上，还留有一片精灵树林。一个令人好奇的远古造物依然屹立在远离艾露恩慈爱目光的地方。低矮的山丘环绕着一株高大的世界树。阳光透过它繁茂的枝杈，如同一片片微弱的涟漪，让树下的世界仿佛永远处在黎明之中。在一道由藤蔓缠结而成的寂静大门旁，一眼浅浅的泉水就像是月亮下的珍珠，闪闪发光。

和所有这样的神圣战场一样，亡者的声音从世界更年轻的时代飘来，带着命运的枷锁穿越时间，静静回荡，祈求在我们讲述的故事中得以不朽。

翡翠梦魇的腐化遍及翡翠梦境和艾泽拉斯，那是萨维斯酿下的苦果。

瓦尔莎拉 / 沙拉尼尔

那些从很远的地方就能看到的可怕的猩红光晕，仿佛在警告不够明智的人，不要进入沙拉尼尔的森林，无论它曾经多么清新秀丽。那些美轮美奂的建筑早已扭曲破碎。多刺的铁根在竭尽全力将所有美丽的事物拖进肮脏的泥土。狠恶的畸变怪物和暗影生物跟踪着冒失闯入此地的生者，饥渴地等待着发动袭击的时机。在这里，即使旧日的英雄也会变成闯入者的敌人。他们的胜利早已被埋葬在疯狂和瘟疫的重压之下。

这个腐朽之地，就连强大的守护巨龙也无法涉足，又有什么样的未来在等待着它？

冰霜巨龙

钟声因为他的回归而响起……关于那个无数命运都被改写的日子，经历过那一天的生者都不会忘记那时的节日气氛。盛大的庆典将满怀希望的人们从洛丹伦最偏远的地方吸引到王国的首都。人们已经在焦虑和不安中等待了数月，他们热爱的王子出发去诺森德寻找瘟疫的源头。许多人相信，王子的回归宣告了苦难的结束。当时，他们全然不知，更加可怕的命运正在等待着他们。

玫瑰花瓣如同雨点一般落在阿尔萨斯·米奈希尔的身上和他踩下的每一个脚印上。似乎没有人注意到他们的王子发生了许多变化。圣骑士的金色铠甲变成了由萨隆邪铁打造的长钉战甲，放射出令人胆寒的森森冷光。过去的战锤也不见了，取而代之的是一把异形大剑，仿佛由诺森德所有的冰霜打造而成。那些眼尖的人后来会想起，当时王子的眼睛里闪烁着一道怪异的光芒，很像他们的邻居——奎尔萨拉斯高等精灵的眼睛。但还没有等这些细节引起人们的担忧，王子就已经迎上了欢迎他回家的父亲。

尽管感觉上不太可能，但在这么多年以后，无论是泰瑞纳斯国王的王冠上，还是洛丹伦华丽的王座大厅里，那一天留下的血污依然清晰可辨。或者是为了表示对巫妖王的忠心，或者只为了斩断和自己尘世生活的全部联系，阿尔萨斯·米奈希尔杀死了自己的父亲，随后指挥一支没有思想、没有生命的军队向他的子民举起了屠刀。

在他庞大的亡灵军队中，最致命、最具毁灭性的是冰霜征服者——一群恐怖的骸骨巨龙。他们都来自龙骨荒野的神圣疆界以外寻找到的巨龙尸体。

即使在这么多年以后，阿尔萨斯从洛丹伦向奎尔丹纳斯岛进军时留下的痕迹依然可见。尽管时过境迁，但冰霜征服者的寒冰吐息依然烙印在大地上，那样的伤痕将永远无法愈合。

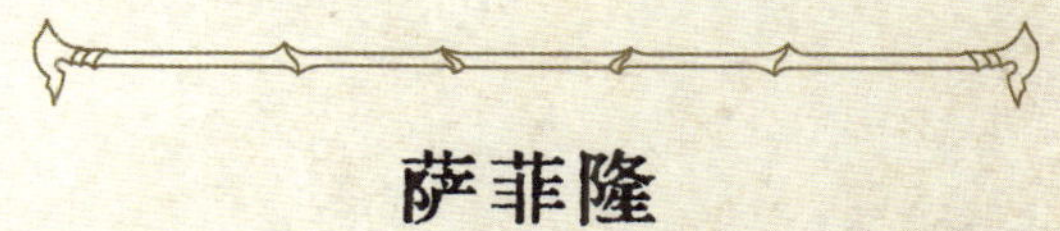

萨菲隆

聚焦之虹钥匙的守卫者 * 纳克萨玛斯卫士

和许多蓝龙一样，萨菲隆担负着看管奥术宝物的责任。他的责任尤其重大，因为由他看管的是蓝龙一族最强大的装置——聚焦之虹。出于我们还不知道的原因，萨菲隆看管的这件宝物并不在魔枢内部，而是在靠近蛛魔城市艾卓－尼鲁布入口处的一个龙巢里。正是这个存放宝物的地点导致了他不幸的命运，让他成为亡灵法师克尔苏加德的亡灵卫士。

当阿尔萨斯·米奈希尔的船在诺森德靠岸，准备为了保卫冰封王座而与伊利丹作战时，精灵王子凯尔萨斯·逐日者率领的血精灵部队向他发动了迅猛的进攻，他们要为奎尔萨拉斯的沦陷复仇。大多数历史学家认为，如果不是阿努巴拉克的支援，阿尔萨斯的命运很可能会结束在那片乱石海岸上。地穴领主阿努巴拉克原本是亚基虫群中的蛛魔首领，当时那些蛛魔已经成为侍奉巫妖王的亡灵。尽管阿尔萨斯成功击退了血精灵部队，但他还是很担心这场战斗消耗了他太多宝贵的时间，让他无法在伊利丹之前赶到冰冠冰川，阻止伊利丹摧毁巫妖王。在地穴领主阿努巴拉克的引领下，他直接穿过地下城市艾卓－尼鲁布，同时阿努巴拉克还让他有机会袭击萨菲隆的巢穴，以获得数件强大的宝物。

听到阿尔萨斯宣称要杀死自己，蓝龙萨菲隆一开始只是觉得好笑，但他很快就意识到自己因傲慢而犯下的错误。天灾大军在死亡骑士的命令下将他淹没。阿尔萨斯不仅成功地偷走了萨菲隆守卫的宝物，还使用自己仅剩的亡灵法力将这头蓝龙复活为一头强大的冰霜巨龙。

在被迫帮助阿尔萨斯保卫冰封王座之后，萨菲隆受命驻扎在纳克萨玛斯。克尔苏加德就是在这里负责执行巫妖王的各种命令的，萨菲隆则成为这名亡灵法师的内庭守卫。

和其他所有被利刃霜之哀伤俘获的灵魂一样，在阿尔萨斯被击败、霜之哀伤崩碎之后，萨菲隆的生命精华被释放进暗影界。

辛达苟萨

冰霜女王＊冰霜征服者女王

冰霜女王的崛起始于她在死亡之翼奈萨里奥爪下的陨落。巨龙之魂的毁灭力量给众多蓝龙带来了死亡的厄运，辛达苟萨也是其中之一。她带着严重的创伤，一直飞到遥远的诺森德。她感觉到自己即将死亡，希望能飞去龙骨荒野。然而，她实在太虚弱了，没办法飞完这最后一程，终于坠落在冰冠冰川的一片山坡上。她用最后的力气向自己的爱侣玛里苟斯发出呼喊，回应她的却只有无情的寒风。于是，在随后的一万年中，辛达苟萨破碎的尸体渐渐被埋没在北方雪原的古老冰川中。

但突然间，她又有了知觉。一股黑暗能量向她发出召唤，命令她以亡灵之躯重新飞上天空，为一个驾驭死亡的意志效忠。怒火穿透她的意识，让她愤怒的是忽视了她最后呼唤的伴侣，还有那些愚蠢的凡人。正是因为凡人对奥法能量荒唐的操纵，才会将燃烧军团引到艾泽拉斯。尽管这头曾经高傲的蓝龙依然无法容忍自己受到他人的控制，但因为巫妖王不容抗拒的命令，以及巫妖王实现她复仇遗愿的承诺，她才肯俯首听命。冰盖爆裂的声音在冰冠冰川的积雪荒原上回荡，早已化作骸骨的辛达苟萨从自己的寒冰坟墓中跃起，决意要给生者带去无穷的死亡。

随着她在冰冠冰川被击败，多年之后，辛达苟萨的灵魂终于与玛里苟斯一同得到安息——卡雷苟斯将他们一同带到了巨龙群岛。

辛达苟萨不是冰冠堡垒中唯一的巨龙。虽然有许多相关推测，但巫妖王针对绿龙瓦莉瑟瑞娅到底有怎样的计划，我们依然不得而知。

萨拉斯塔

北地的灾祸

为了破坏联盟和部落大军的集结，阻止他们攻打天谴之门安加萨，巫妖王命令数头冰霜征服者占据龙骨荒野的天空，对敌人加以恐吓。暗矛部族的洛坎率领他的暗影猎手射下了大部分骸骨巨龙，但有一头冰霜征服者远比其他亡灵龙狡猾，他就是萨拉斯塔。

于是，洛坎召集一些技艺高超的部落老兵，找到这头龙冰冻的心脏，将这头冰霜巨龙引诱进一个精心设计的陷阱，再率领战士们向他发动攻击。在战斗中，萨拉斯塔释放出混合着冰霜和暗影的力量，展开了异常强大的攻势，但最终还是死在战士们团结的力量之下。他的心脏被交给阿格玛之锤部落哨所的高尔特上尉。不过，关于这颗心脏的最终下落，并没有明确的官方记录。

战场记录表明，洛坎手下相当数量的暗影猎手都死于从极高处跌落造成的重伤。

冰冠堡垒

这座被称为冰冠堡垒的高大城堡由古神之血凝结而成的萨隆邪铁铸造，是连接不同界域的一条管道，也是为了终结有瑕疵的审判循环而建造的一座灵魂监狱。在这座城堡的高墙之内，千万个声音在哭号，乞求得到释放；另外千万个声音在尖叫，渴望进行复仇。在这些苦难的声音中，你很难将注意力集中在任何一个单独的悲剧上。然而，见证一位父亲眼看着自己的儿子死去，即使是最坚强的心也难免会感到沉重。

现在，一切都陷入寂静。王座已经破碎，传奇很快就会被遗忘。

灵翼龙族

大多数学者都认为，黑龙一族事先并不知道他们的守护巨龙奈萨里奥打算在永恒之井背叛艾泽拉斯联军。然而，在那场背叛之后，他们依旧毫不动摇地忠诚于死亡之翼奈萨里奥，这让他们成为其他龙族发泄怒火的主要目标。那一天身处永恒之井的见证者恐怕很难相信会有哪头龙能够原谅这种令人发指的背叛行径。况且，当时黑龙一族遭到古神污染的悲剧尚未被发现。在那以后，许多人都坚信黑龙遭受的腐化是一种无法治愈的恶疾，只能彻底根除；但还是有一些巨龙开始致力于寻找治疗虚空腐化的方法，希望有一天能够让这一支秩序亲族得到救赎。那时，还无人知晓的是，在艾泽拉斯古老、异怪、无法染指的遥远空间中，被死亡之翼遗留在外域的后裔将会破壳而出，且不受虚空黑暗面的影响。

为了给自己的最后一批龙蛋找到一个安全的孵化地，避开其他守护巨龙的目光，死亡之翼带着他的龙蛋穿过黑暗之门，将自己的后代深藏在戈尔隆德的高山之下。他相信，这个地方能够保护这些脆弱的黑龙后代，让他濒临灭绝的种族重新壮大。尽管奈萨里奥在做这件事的时候极其谨慎，但还是有一支联盟探险队寻找到他的踪迹，并促使当地的食人魔和戈隆与他展开对抗。死亡之翼不愿意就这样被赶走，便命令自己的龙族军团向这些守卫家园的势力发动了战争。这个固执的选择不仅导致许多黑龙毫无必要地失去生命，还让黑色守护巨龙也遭受重伤，不得不退出外域。

死亡之翼逃走之后没多久，德拉诺便发生了崩裂。一场劫难导致霜火岭撞击戈尔隆德，形成了现在的刀锋山。尽管经历了如此不可思议的动荡，黑龙蛋却幸存下来。然而，行星德拉诺毁灭时释放出的狂暴能量对他们造成了严重影响。于是，一个新的龙种——灵翼龙出现了。他们的虚幻形体完全由扭曲虚空的能量所构成。

灵翼龙从他们的祖先那里继承了许多特质，但他们完全没有表现出困扰黑龙族群的腐化迹象，哪怕回到艾泽拉斯也是如此。

与存在许多错误的《龙语纲要》（Draconic Compendium）第四卷所描述的恰恰相反，灵翼龙能够变化成凡人的样子，而且他们的确这样做过。

奈尔萨拉库和卡瑞纳库

灵翼龙的族长和主母

在德拉诺崩裂之后，它的残骸，也就是外域上出现了几个势力。它们相互征伐不休，只为了夺取最后的生存空间。为了巩固自己的实力，龙喉氏族酋长——疲惫的祖鲁希德与伊利丹·怒风结盟，俘获了他们刚刚发现的灵翼龙，以确保他的龙骑士拥有足够的战斗坐骑。然而，这个兽人未曾料到的是，一个名为拉格诺克·舐血者的死亡骑士和一群邪能兽人以及虚无形态的雇佣兵联手偷走了龙喉氏族控制下的大部分灵翼龙。

卡瑞纳库没有被拉格诺克劫走，依然是龙喉氏族的囚徒，直到她的伴侣奈尔萨拉库找到一些愿意攻击兽人营地、对她实施救援的勇士。这些勇士在成功地完成任务之后，和这位灵翼龙族的首领结为联盟。后来，灵翼龙帮助勇士们削弱了伊利丹在影月谷的力量。

这里描绘的龙是奈尔萨拉库和卡瑞纳库的后代之一。

泽拉库

灵翼龙

一种怪异又熟悉的能量从外域传播过来，蓝龙塔里苟萨受命对这股能量的源头进行调查。在调查过程中，她遭到死亡骑士拉格诺克·舐血者的袭击。原来这名死亡骑士正在捕捉巨龙，以充实他的军队力量。塔里苟萨在此时遇到了灵翼龙泽拉库。尽管一开始对这头蓝龙充满怀疑，泽拉库最终还是被塔里苟萨所讲述的关于黑龙一族的故事所吸引，相信灵翼龙来自死亡之翼奈萨里奥遗失的龙蛋。尽管彼此之间的信任依旧脆弱，塔里苟萨和泽拉库还是在一场对黑暗之门的攻击中合力解救出泽拉库受到奴役的同巢兄弟姐妹。

灵翼龙族的胜利并没有持续太久。塔里苟萨很快意识到，让灵翼龙摆脱拉格诺克的控制很可能会导致他们的死亡，除非这些龙能够得到另一种强大的能源，以补充自身消耗。塔里苟萨认为魔枢能够为他们提供所需的能量，便带着这些受伤的灵翼龙返回蓝龙家巢。然而，灵翼龙突然背弃了她，企图完全夺取魔枢的能量，他们造成的混乱惊醒了蓝色守护巨龙玛里苟斯。玛里苟斯将泽拉库一族视为入侵者，毫不怜惜地吞噬了几乎所有灵翼龙。

我们不知道泽拉库是如何逃出魔枢的，只是他的寿命并没有因此而延续很久。在艾泽拉斯流浪一段时间之后，泽拉库被岑达林·风行者捕获。岑达林是死亡之翼伴侣希奈丝特拉的盟友。于是，在格瑞姆巴托的阴影中，泽拉库的生命精华被完全吸走，用于创造卓贡纳克斯和第一代暮光龙。

为了拯救德莱尼女祭司伊丽笛，泽拉库英勇奋战，成为击败卓贡纳克斯的关键因素。

虚空风暴

在德拉诺崩裂之后，曾经生机盎然的法兰伦原野四分五裂，只剩下许多悬浮的岩石和爆裂的能量。在这里，扭曲虚空与物质界域混合在一起。在这片土地不断崩坏的周边区域，蓝龙塔里苟萨在尽力看护着一小片灵翼龙繁育场。

影月谷

柔和的夜色和熹微的晨光曾经轻柔地洒落在这里清新明丽的林地之间。然而现在，那些美景只留在人们的回忆里，这片土地早已被沸腾的邪能怒火折磨了太长时间。这里曾经是兽人和德莱尼的神圣家园。他们生活在白女士的慈爱怀抱中，接受白女士的灵性指引。而现在，充斥在天空中的只有扭曲虚空，这股能量的仆从——燃烧军团正不断地在这片土地上播撒他们的仇恨。

就是在这里，灵翼龙落入凡人手中，迎来他们最黑暗的时刻；也是在这里，他们遇到了最伟大的凡人盟友。

疫病龙族

大多数龙族都有自己的创生源头，或者是由于接受了泰坦力量，或者是由其他龙族改造而来。只有疫病龙族与众不同，这是唯一一个由凡人设计创造的龙族。亡灵法师克尔苏加德对巫妖王的亡灵瘟疫进行改造，在洛丹伦全境成功地散播了一种长效烈性瘟疫，而他在这方面最早的尝试始于安多哈尔以南的凯尔达隆遗迹附近。在那里，受到当地巴罗夫家族的邀请和慷慨资助，克尔苏加德建立了一所学校，其中包含了实验室和训练场，他称其为“通灵学院”。他忠诚的追随者们，也就是诅咒教派，将这里作为他们的基地。

在这座学院的围墙内，各种不幸的生物成为试验品。克尔苏加德希望创造出一种更加致命和传染性更强的瘟疫变体，以确保银色黎明的圣骑士们无法轻易将其灭除。为了实现这一目标，诅咒教派的信徒们与多个外部势力签订协议，确保各种试验样品的稳定供应。其中，一个名叫丁奇·斯迪波尔的地精供应商说服一队冒险者，诱使他们在燃烧平原夺取一批黑龙蛋，交给她的主人——通灵学院的维克图斯。

这些邪教徒很清楚巨龙承受和传播瘟疫的潜力。黑龙蛋被注入瘟疫毒素，随后被孵化。相较其他样品，龙类的存活率的确较高，但瘟疫产生了未被预见的影响，阻碍了雏龙的成长和智力发育，最终导致这一项目被宣告失败，草草结束。

有趣的是，在诺森德活动的士兵报告说，他们遇到过一些处于维库人控制之下的龙蛋和成年始祖龙。看上去，那些龙蛋和龙似乎都被瘟疫感染了。虽然这得到了部落和联盟的证实，而且相关的传闻至今还偶有出现，但我们对创造疫病龙的手段和疫病龙的存活率依然缺乏了解。

同样，现在也没有人知道通灵学院中那些染上瘟疫的龙去了哪里。多年来，银色北伐军在凯尔达隆发现过持续的邪教活动，但诅咒教派似乎已经失去了用龙族进行试验的兴趣。

如果诅咒教派成功，亡灵瘟疫就会借助巨龙吐息在艾泽拉斯各处扩散。

通灵学院

在达隆米尔湖中心的一座小岛上，坐落着凯尔达隆的遗迹。曾经辉煌灿烂的屋宇在这个时代却在为最黑暗、最恶毒的试验提供服务——披着人皮的怪物企图在这里彻底破坏力量和生命最根本的原则。

多彩龙族

在黑石塔所在地底深处的隧道中，黑龙奈法利安尽心竭力，致力于实现他的父亲奈萨里奥长久以来都不曾完成的成就——创造出一个新的龙种，将五色龙族的生命精华完全融合在一起。为了做到这一点，奈法利安借鉴了巨龙之魂阴险又精巧的设计，试图以同样的方式将五色龙族的力量拼合在一头龙的身躯中。为了实现自己野心勃勃的造物设想，奈法利安需要从源头理解每一个龙族的力量。于是，他派出自己的手下去偷窃龙蛋，捕捉活龙，好完成他扭曲的试验。

在进攻黑石塔的战斗中，进过奈法利安实验室内部的见证者报告了奈法利安罄竹难书的暴行——那是他对自己的亲族犯下的罪孽，尤其是对那些红龙。虽然试验对象不断趋于稳定，但只有为数不多的几头多彩龙接近成熟状态，比如雷德·黑手的战争坐骑盖斯。

人们普遍认为，如果不是茉艾拉·索瑞森女王巧妙地将部落引入黑石山来追击黑暗部落，奈法利安很有可能成功地创造出多彩龙族。届时，多彩龙就会和奈法利安的母亲希奈丝特拉创造的暮光龙一样强大且数量众多。如果奈法利安的第一次死亡能够让他的故事真正结束，也许他的造物将不可能存活下来，进而威胁到这个世界。然而，古加尔和暮光之锤复活了奈法利安，使得他能够继续创造多彩龙军团。

奈法利安凝聚起五色龙族的力量，将它们转变成可怕的怪物。

克洛玛图斯

最后的多彩巨龙

在奈法利安最初的试验失败之后，克洛玛图斯的躯体静穆地端坐在黑石塔中，其状态既不是生，也不是死。他是多彩龙试验最成功的造物，但这头龙无论拥有多么强大的潜能，还是缺乏至关重要的生命火花以激活所有这些力量。终于，大主教本尼迪塔斯——也就是后来的暮光教父——破解了让这个五头巨龙苏醒的关键技术。

尽管古加尔的死对暮光之锤的事业造成了致命打击，但这个氏族的新首领证明了自己拥有不亚于上一任的狡诈和残忍。这位曾经的大主教在成为暮光教父之后，立刻牢牢地控制住了自己的氏族。依靠暮光氏族的资源，奈法利安成为亡灵之后重新开始的多彩龙试验得以继续。暮光教父看到了这头被驯服的黑龙可能创造出多么强大的力量，便设计出一个计划，派遣暮光龙攻击龙眠神殿，吸引各龙族的注意，同时让他的教徒潜入红玉圣殿，将各龙族的龙蛋转化成多彩龙怪物。

暮光教父的诡计成功了，悲剧由此开始。巨龙女王阿莱克丝塔萨的配偶考雷斯特拉兹别无选择，只能牺牲自己，以消除多彩龙的威胁。尽管这一计划看似未能实现，暮光教徒却无意从龙眠神殿撤退。相反，本尼迪塔斯命令他的手下放出五头巨龙克洛玛图斯。

通过牺牲自己曾经的盟友蓝龙阿瑞苟斯，本尼迪塔斯终于实现了奈法利安多年试验都未曾达成的成果：他将生命火花注入多彩巨怪的身体。所有赶来收复家园的巨龙都看到了让他们惊恐不安的情景：各龙族所特有的力量都集中在一头无比巨大的恶龙身上，而那头恶龙正在向他们发动猛烈的攻击。

与克洛玛图斯的战斗一开始就对这些秉持正义的战士们极为不利。根据参战者的报告，伊瑟拉看到一幕幻象：每一位守护巨龙都在与一个和自己颜色不同的龙头作战。守护巨龙们合力发动进攻，克洛玛图斯击败了伊瑟拉，迫使守护巨龙尽数退却。就在这时，兽人萨满萨尔提出一个计划——将守护巨龙的力量和他的元素力量结合在一起，这几乎就是他们后来战胜死亡之翼奈萨里奥的预演。正当克洛玛图斯同时扬起五颗龙头准备发动最后一击时，一道纯白色的强光射中这头巨怪的胸膛。巨怪倒在地上，没有了生息。

战斗结束后，守护巨龙们想要摧毁克洛玛图斯的尸体，却发现某种黑暗魔法缠绕着这头巨怪，使它无法被彻底毁灭。由于一时没有消灭这具尸骸的手段，守护巨龙们只能将克洛玛图斯的尸体封印在一座奥法牢狱内。

奈法利安付出了不懈努力却终究没能达成他想要的结果。终于，大主教本尼迪塔斯，也就是后来的暮光教父，成功地让巨怪克洛玛图斯有了生命。

巨龙的未来

在击败死亡之翼，守护巨龙们失去泰坦力量之后，我们发现自己似乎正处在一种前所未有的局势之中。艾泽拉斯许多截然不同的种族排除一切困难，团结在一起，不仅战胜了死亡之翼，还消灭了那些拥有恐怖力量的古神。在广阔的空间和漫长的时间中，我们还有许多敌人要去面对，但这是我们第一次在世界危亡的时刻站在一起、团结一致。现在的问题是，我们将要建造一个怎样的世界？

在无比漫长的岁月中，我们不断承受着憎恨与疯狂的轮回。大多数人别无选择，只能不断投身于本书所记述的一场场战争。而现在，我们终于能够选择塑造一个更好的未来。我们同心协力拯救了艾泽拉斯，我们也能够同心协力重建我们破碎的世界，让它恢复完好。

因此，我选择了一段充满希望的寄语，作为本书的结束：致那些在艾泽拉斯破碎的角落寻求

庇护的难民，致经历过无数次战役的老兵们，致每一个历尽苦难的生灵——黑暗吞噬了一位曾经高尚的守护巨龙和一位受万众爱戴的王子，无数悲剧由此落在了无数生灵头上。然而，我们依然有足够的勇气去对抗黑暗泰坦的意志和摆脱暗影噬渊的支配。正因为如此，艾泽拉斯的所有居民——无论是凡人还是巨龙——才会拥有一个崭新的未来。

卡德加
肯瑞托大法师

插图作者

暴雪画师：82、96、116、123、129、174
劳雷尔·奥斯汀（Laurel D. Austin）：38、61、133
达朗·巴德（Daren Bader）：149
亚当·贝恩斯（Adam Baines）：2、113
凯雷姆·贝伊特（Kerem Beyit）：149
埃里克·布拉多克（Eric Braddock）：90
佐尔坦·博罗斯（Zoltan Boros）：74、88、161
阿瑟·博佐内（Arthur Bozonnet）：120
米利沃伊·切兰（Milivoj Ćeran）：29
苏克朱·崔（Sukjoo Choi）：140、143
皮特·库珀（Peet Cooper）：134
汉娜·戴维斯（Hannah JS Davis）：136
埃里克·德尚（Eric Deschamps）：125
萨姆维斯·迪迪埃（Samwise Didier）：1、136
科尔·伊斯特本（Cole Eastburn）：97、190
杰斯珀·艾辛（Jesper Ejsing）：51
加布里埃尔·冈萨雷斯（Gabriel Gonzalez）：163
卢卡斯·格拉西亚诺（Lucas Graciano）：121
约翰·格雷尼尔（Johan Grenier）：66
亚历克斯·霍利（Alex Horley）：64、101、103、147、152、174
安德鲁·候（Andrew Hou）：144
泰勒·亨特（Tyler Hunter）：171
阮佳（Ruan Jia）：106
布赖恩·康（Brian Kang）：170
贾森·康（Jason Kang）：184
特伦特·卡尼加（Trent Kaniuga）：36
乔·凯勒（Joe Keller）：166、167
罗曼·肯尼（Roman Kenney）：61、128、137
金（Kim）：155、157、185
迈克尔·科马克（Michael Komarck）：72
贾斯汀·孔兹（Justinn Kunz）：34、35
彼得·李（Peter C. Lee）：26、52、82、110、180、181
吉米·洛（Jimmy Lo）：6、7、53、83、97、117、168
斯拉沃米尔·马尼亚克（Slawomir Maniak）：37、179
瑞安·梅特卡夫（Ryan Metcalf）：135、165
雷文·米穆拉（Raven Mimura）：159
卡约·蒙蒂罗（Caio Monteiro）：163
月球殖民地（MoonColony）：12、13、14、16、17、18、20、21、22、23、24、25、40、41、56、59、70、71、86、87、131
克雷格·马林斯（Craig Mullins）：161
威尔·穆雷（Will Murai）：61
泰森·墨菲（Tyson Murphy）：107
吉姆·纳尔逊（Jim Nelson）：129
萨姆·尼尔森（Sam Nielson）：154
达斯蒂·诺尔廷（Dusty Nolting）：132
杰克·帕尼安（Jake Panian）：61
比尔·彼得拉斯（Bill Petras）：182
劳伦特·皮埃洛（Laurent Pierlot）：19
德米特里·普罗佐罗夫（Dmitry Prozorov）：175
亚历山德拉·昆比（Alexandra Quinby）：32
格伦·拉内（Glenn Rane）：15、80、100
克里斯·罗宾逊（Chris Robinson）：90
詹姆斯·赖曼（James Ryman）：57、93、106、186
迈克·萨斯（Mike Sass）：158
古斯塔夫·施密特（Gustav E. Schmidt）：44、45、52、53、102、115、175
一德世田（Ittoku Seta）：108
孟素布·桑（Mongsub Song）：188、189
彼得·斯特普尔顿（Peter Stapleton）：178
BOSi 工作室（BOSi Studio）：177
N-iX 游戏 & 虚拟现实工作室：
首席画师　瓦连京·克鲁斯洛夫（Valentyn Khruslov）
画师　奥列克桑德尔·乌特金（Oleksandr Utkin）：封面、10、11、42、43
瓦季姆·库岑科（Vadym Kutsenko）：77、91、94、111、114、126、127、150、160
安德里·什维罗夫（Andrii Shvyrov）：54、55、68、69、84、85、98、99、118、119
柠檬天空工作室（Lemon Sky Studios）：153
亚历克斯·斯通（Alex Stone）：109
雷蒙德·斯旺兰（Raymond Swanland）：33、39、47、62、75、104、105
加博尔·西克绍伊（Gabor Szikszai）：88
莉安娜·泰（Lianna Tai）：162
英昭高村（Hideaki Takamura）：164
乔希·托尔曼（Josh Tallman）：8、61、67、172
史蒂夫·塔平（Steve Tappin）：148
王炜（Wei Wang）：89
理查德·赖特（Richard Wright）：96
纸上驹（Bayard Wu）：30、31、46、73、112、124、139
安东·泽姆斯科夫（Anton Zemskov）：145、183
张彬（Benjamin Zhang）：78
张泽彦（Phillip Zhang）：169
马克·楚格（Mark Zug）：48
法维奥·宗格罗内（Fabio Zungrone）：19、116

著作权合同登记号 图字：01-2024-4124

图书在版编目（CIP）数据

魔兽世界：龙族宝典 /（美）桑德拉－罗斯纳，（美）道格－沃尔什著；李镭译. -- 北京：北京科学技术出版社，2025. -- ISBN 978-7-5714-4217-0

Ⅰ. G898.3

中国国家版本馆 CIP 数据核字第 2024ZG0571 号

策划编辑：	李　玥　刘　格	**电　　话：**	0086-10-66135495（总编室） 0086-10-66113227（发行部）
责任编辑：	汪　昕		
责任校对：	赵艳宏	**网　　址：**	www.bkydw.cn
封面设计：	天露霖	**印　　刷：**	雅迪云印（天津）科技有限公司
图文制作：	天露霖	**开　　本：**	889 mm × 1194 mm　1/16
责任印制：	张　宇	**字　　数：**	150千字
出 版 人：	曾庆宇	**印　　张：**	12
出版发行：	北京科学技术出版社	**版　　次：**	2025年5月第1版
社　　址：	北京西直门南大街16号	**印　　次：**	2025年5月第1次印刷
邮政编码：	100035		

ISBN 978-7-5714-4217-0

定　　价：198.00元